성경이 말하는 성밖

이기지 못하는 자들이 가는 곳

서사라 지음

하늘빛출판사

성경이 말하는 성밖

이기지 못하는 자들이 가는 곳

목차

서론

지금까지 많은 사람들이 우리가 죽으면 천국과 지옥 두군데로 생각하여 왔다.

맞다. 그러나 천국안에는 다시 예루살렘성안과 성밖으로 나누어진다는 것을 이 책을 통하여 많은 그리스도인들에게 알리고 싶다. 우리가 이것을 알게 되면 지금 이 땅위에서의 우리의 신앙의 삶이 더욱 하나님 앞에 정결하게 되지 않을까 생각한다.

이것을 삼층천을 다녀온 사도바울이 이렇게 말하였다.

[고전 3:11-15]
- 이 닦아 둔 것 외에 능히 다른 터를 닦아 둘 자가 없으니 이 터는 곧 예수 그리스도라 만일 누구든지 금이나 은이나 보석이나 나무나 풀이나 짚으로 이 터 위에 세우면 각각 공력이 나타날 터인데 그 날이 공력을 밝히리니 이는 불로 나타내고 그 불이 각 사람의 공력이 어떠한 것을 시험할 것임이니라 만일 누구든지 그 위에 세운 공력이 그대로 있으면 상을 받고 누구든지 공력이 불타면 해를 받으리니 그러나 자기는 구원을 얻되 불 가운데서 얻은 것 같으리라

즉 우리가 예수를 믿은 후에 하나님 앞에서 어떠한 삶을 사느냐에 따라서 저 천국에서 우리에게 주어지는 상도 틀리지만 그러나 처하게 되는 장소도 다름을 말하고 있는 것이다.

예수를 믿으나 금과 은과 보석으로 집을 지은 자는 나중에 천국에서도 성안에 들어가며 집이 있겠으나 그러나 예수는 믿었으나 나무나 풀이나 짚으로 집을 지은 자는 나중에 천국에 집도 없을 뿐 아니라 그들이 받는 구원은 금방 불에서 뛰쳐나온 사람들처럼 구원을 받는다고 하였으니 예수를 믿어서 지옥불은 면하겠으나 그러나 하나님의 영광이 해같이 빛나는 예루살렘성안에는 못들어가는 것이다. 성경에는 이 성밖에 대한 것을 암시하는 성경구절들이 예수님이 말씀하신 열처녀의 비유에서도 볼 수 있지만 또한 다음의 성경구절이 그렇게 암시하고 있다.

[계 21:9-10]
- 일곱 대접을 가지고 마지막 일곱 재앙을 담은 일곱 천사 중 하나가 나아와서 내게 말하여 가로되 이리 오라 내가 신부 곧 어린 양의 아내를 네게 보이리라 하고 성령으로 나를 데리고 크고 높은 산으로 올라가 하나님께로부터 하늘에서 내려오는 거룩한 성 예루살렘을 보이니

즉 새하늘과 새땅에 내려오는 새 예루살렘성 자체가 어린양의 아내라고 말하였으나 그 성 자체는 아무리 보석이라도 건물이므로 예수님의 신부가 될 수 없고 오히려 그 성안에는 예수님의 신부들이 들어있음을 알 수 있다. 이들은 빛나고 깨끗한 세마포를 입은 자들인 것이다.

그러므로 고전 3:11-15절에서 말하는 금방 불가운데서 뛰쳐나

온 것같은 옷차림을 한 자가 이 성안에 들어갈 수는 없는 것이다. 그러므로 그들이 처하는 곳은 새하늘과 새땅이나 새예루사렘 성 밖인 것이다.

[계 22:14-15]
- 그 두루마기를 빠는 자들은 복이 있으니 이는 저희가 생명 나무에 나아가며 문들을 통하여 성에 들어갈 권세를 얻으려 함이로다 개들과 술객들과 행음자들과 살인자들과 우상 숭배자들과 및 거짓말을 좋아하며 지어내는 자마다 성 밖에 있으리라

그리고 예수님께서는 천국에서 나에게 이러한 장소를 9번 이상을 보여주셨다. 이 장소는 정말 예수는 믿었으나 하나님의 말씀따라 살지 못한 그리스도인들이 가는 장소이다. 한마디로 이기지 못한 자의 삶을 산 자들이 가는 장소인 것이다.

그러므로 우리는 예수를 믿음으로 영원한 불못에서 구원은 받지만 그러나 그 이후의 삶에 대하여서도 우리가 하나님의 말씀 앞에 어떻게 살아드리느냐에 따라 심판이 있다는 사실을 우리는 알아야 할 것이다.

[고후 5:10]
- 이는 우리가 다 반드시 그리스도의 심판대 앞에 드러나 각각 선악간에 그 몸으로 행한 것을 따라 받으려 함이라

이 책을 통하여 많은 그리스도인들이 회개와 영적각성이 일어나기를 바라며 그리하여 우리가 성안에 들어가기 위하여서는 이 땅 위에 살아있는 동안에 예수님의 신부들로 단장되어져야 할 것이다.

LA 주님의 사랑교회

서사라 목사

추천서 1

권오준 목사
여주 매류감리교회 원로 목사
머릿돌 교회 연합회 대표
전 브니엘 비전 아카데미 원장
전 한국 기독교 영성 총 연합회 공동회장

"그러나 무엇이든지 내게 유익하던 것을 내가 그리스도를 위하여 다 해로 여길뿐더러 또한 모든 것을 해로 여김은 내 주 그리스도 예수를 아는 지식이 가장 고상함을 인함이라 내가 그를 위하여 모든 것을 잃어버리고 배설물로 여김은 그리스도를 얻고 그 안에서 발견되려 함이니 내가 가진 의는 율법에서 난 것이 아니요 오직 그리스도를 믿음으로 말미암은 것이니 곧 믿음으로 하나님께로서 난 의라" (빌립보서 3:7-9)

서사라 목사님은 제가 만난 하나님의 사람입니다.
사도바울은 그 많은 학문적 지식과 좋은 가문과 율법적인 최고의 자리에 있었으나 다메섹 도상에서 주님을 만나고 모든 것을 배설물로 여기고 십자가와 예수님만 붙잡고 전했습니다.
서사라 목사님도 의사이자 과학자로서 노벨상을 받을 목표로 달려가다가 예수님을 만나고 다 내려놓고 180도로 돌아서서 복음 전파와 선교에 올인하고 있습니다.

서목사님은 특별히 깊은 기도중에 천국 체험을 많이 하셨으며 천국에서 주님이 말씀하시기를 서사라 목사님을 통하여 3-4 만 명을 구원의 길로 인도하게 된다고 하셨습니다.
한국교회에 여러 교회에서 많은 집회를 하여서 바른 복음을 전하고 있으며 남미와 아프리카와 인도에 많은 선교를 넓게 하고 있으며 특별히 권위있는 정통 신학자님들이 서사라 목사님의 영적 체험을 신학과 교리적으로 잘 정리하여 주셔서 정말 기쁘게 생각합니다.

이번에 출간되는 '성경에서 말하는 성밖 - 이기지 못하는 자들이 가는 곳' 은 요한 계시록 22장 14-15절에서 말하는 성밖을 신구약 전체를 아우르면서 예수님이 하신 말씀, 바울이 한 말씀, 요한 계시록에 담긴 예수님의 이기는 자와 이기지 못하는 자에 대한 말씀을 중심으로 잘 설명하고 있습니다. 게다가 하나님께서는 특별한 은혜로 서목사님을 천국의 한 장소인 성밖을 여러번 구경시켜 주셨습니다. 그 체험담을 이 책에 또한 싣고 있습니다.

성경을 정말 진지하게 최소한 수십번 이상 탐독한 자들은 성경에서 말하는 '바깥 어두운데서 슬피울며 이를 가는 곳' 이 어디일까 하는 의문점을 지울 수 없었을 것입니다.
아무리 성경을 읽어도 그곳은 아무래도 지옥과 다른 곳일 것이다

라고 생각하였을 것입니다.

왜냐하면 신랑 (예수님) 을 기다리던 열처녀중 미련한 다섯처녀
가 신랑을 기다리고 있었으나 그 준비를 철저히 않았다고 하여 신
랑이 왔을 때에 혼인잔치의 문을 닫아 버리시는데 과연 이 문밖이
어디일까 하는 의문이 가시지 않게 되기 때문입니다. 또한 그들
은 다 예수믿는 자들인데 주님오심을 철저히 준비하지 아니하였
다하여 지옥에 던져졌을까? 라는 의문이 생기게 됩니다.

성경은 분명히 로마서 10장 10절에서 말씀한 바와 같이
사람이 마음으로 믿어 의에 이르고 입으로 시인하여 구원에 이르
느니라 라고 말씀하여 우리가
마음으로 믿어 의에 이르고 입으로 시인하여 구원을 얻는다 하
였습니다.

그런데 이렇게 구원받은 열처녀중에서 미련한 다섯처녀가 문밖
에 남은 곳이 지옥일까?
이 미련한 다섯처녀가 남은 문밖이 지옥이라면 그들은 예수를 믿
었는데도 지옥이니까 칼비니즘의 TULIP 교리가 전혀 맞지 않게
되는 것을 볼수 있는 것입니다. 즉 한번구원은 영원한 구원이 아
닌 것입니다. 즉 지금까지 장로교에서조차 TULIP 교리에 맞지
않게 문밖을 지옥이라고 생각하여왔습니다.

그리하여 이 성밖을 지옥이 아닌 새예루살렘 성밖 즉 새땅으로 보
면 지금까지 성경에서 풀리지 않던 바깥 어두운데 슬피울며 이를

가는 장소로 쫓겨나는 즉 이 책 '성경에서 말하는 성밖 – 이기지 못하는 자들이 가는 곳' 이 맞다는 사실을 앎과 동시에 성경에서 애매하던 것들이 다 해석이 되어지고 다 풀리는 역사가 일어나는 것을 볼수 있을 것입니다.

즉 이 성밖은 미련한 다섯처녀가 쫓겨난 문밖으로 볼수 있고 또한 한달란트 받은 자가 땅속에 묻어두었다가 바깥 어두운곳에 쫓겨나 슬피울며 이를 가는 장소로 쫓겨나는 장소로도 볼수 있는 것입니다. 그리고 이 성밖은 분명히 지옥이 아닌 새땅에 새예루살렘 성밖인 것입니다.

여때까지는 많은 사람들이 계시록 21: 8절과 계시록 22장 15절을 동일시하여 생각하여 왔으나 서사라 목사는 이 둘의 차이점을 너무나 명확하게 설명하고 있는 것을 봅니다.
한 곳은 분명히 유황불못 다른 한 곳은 분명히 유황 불못이 아닌 성밖이라고 말합니다.

서사라 목사님은 성경에서 말하는 성밖을 명백히 말하고 있을 뿐 아니라 본인이 직접 주님께서 천국에서 보여주신 그 성밖이라는 곳에 여러번 가본 것을 이 책에서 간증하고 있습니다.

그리하여 지금껏 풀리지 않던 사복음서에서의 주님이 하신 비유들과 또한 사도바울이 말한 고린도전서 3장 11절에서 15절까지의 내용들이 다 풀리게 되는 것을 보게되는데 즉 부끄러운 구원을 받은 자들이 가는 곳이 바로 이 성밖인 것입니다.

그리고 서사라 목사님은 이 성밖은 지옥이 아니라 영원 천국내에서 새하늘과 새땅에 새예루살렘성이 내려오면 그 성밖을 의미하며 이 새예루살렘성안에는 오직 예수님의 신부들만 들어가고 나머지는 이기지 못하는 자들로 성밖에 남게 된다고 말합니다.

이러한 해석은 여태껏 의문삼아 오던 모든 것이 시원하게 풀리는 사이다와 같은 것입니다.
이 책을 읽음으로 말미암아 여태껏 풀리지 않던 성경구절들이 풀리는 역사가 개인의 신앙적인 삶에서 일어나기를 간절히 바라며 또한 독자 스스로는 반드시 이기는 자에 속하여 성안으로 반드시 들어가시기를 기도하는 마음에서 이 책을 적극 추천하여 드립니다.

서영곤 목사(신학박사/Th.D. 교육공학박사)

할렐루야! 서사라 목사님께서 하나님의 특별한 은혜로 천국과 지옥을 다녀와서 펴낸 기존 저서 −천국과 지옥 간증수기 8권− 과 연계하여 이번에 새로운 소책자「성경이 말하는 성(城)밖」의 발간에 즈음하여 평범한 목회자로서 부족함이 많은 사람이 존경하는 여러 독자 분들(Audiences)께 본 소책자(성 밖)를 적극 추천하는 배경과 추천의 변은 다음과 같습니다.

1. 저는 서사라 목사님의 "천국과 지옥 간증수기(8권)"에 대한 선행 독자입니다. 필자는 2020년 8월, 서사라 목사의 저서(8권)에 대한 신학적 평가를 위한 "한미신학포럼"에 발제를 위하여 서목사님의 저서를 완독하였고, 특히 "서목사님의 간증수기 −천국과 지옥−에서의 이기는 자와 이기지 못하는 자" 그리고 "성(城)밖과 지옥"에 관한 2편의 논문을 발표하였습니다 [논문집: '성경해석의 새 지평', 2021, 11.5, 하늘빛출판사, 38−158].

2. 본 소책자와 관련하여 서사라 목사가 간증에서 기별하는 주

요 이슈(issues)가 무엇인지를 우선 요약하여 정리하면 크게 다음 세 가지입니다. 특히, 이러한 이슈나 내용이 기존의 성경 해석과 다소 상충될 수도 있다는 점에서 필자의 추천의 변이 필요한지도 모릅니다. 서사라 목사는 자신의 천성 여정의 경험과 성경 해석에 근거하여 ① '이기는 자와 이기지 못하는 자'와 연관된 새 예루살렘의 '성(城)밖과 성안을 구분'하고, 또한 ② '성(城)밖과 지옥(불 못)에 들어가는 자들을 구분'합니다. 그리고 ③ "성(城)밖은 지옥(불 못)이 아니라 새 하늘과 새 땅의 새 예루살렘(영원천국)의 영역에 속한다"는 새로운 성경 해석의 견해를 제시합니다.

3. 이에 대한 선행 연구자로서의 필자의 소견은 다음의 세 가지입니다.

첫째, 서사라 목사의 이기는 자와 이기지 못하는 자와 관련한 '새 예루살렘의 성(城)밖과 성안의 개념 구분'에 대한 소견: 믿는 자가 궁극적으로 이기지 못하면 지옥에 가느냐? 천국에 가느냐? 라는 질문에 답하기가 모호한 것이 현실 신학의 입장이다. 지옥이라 답하면 칼빈주의(Calvinism)가 손상을 입을 것이요, 천국이라 답하면 알미니안주의(Arminianism)가 난색(곤란함)을 표할 것이기 때문이다. 믿는 자는 무조건 다 천국 간다면 왜 성경은 이기는 자와 이기지 못하는 자를 구분하고 있는가? 현실적 교회의 신학은 완전하지 못하며 모호하고 모순된 점들이 있다는 것이다. 필자가 보기에는 칼빈주의와 알미니안주의 양측의 입장을 공평하게 윈-윈(win-win)하게 해 주려면, [성(城)밖과 지옥은 구분되어 해석해야 할 것]으로 본다. 이런 맥락에서 서사라 목사의 주장에 무게를 둔다(계22:14-15).

  둘째, 서사라 목사의 '성(城)밖과 지옥에 가는 자들의 구분'에 대한 소견: 서사라 목사는 믿는 자가 끝까지 인내하는 믿음으로 이기지 못하면 '지옥이나 성(城)밖 '의 둘 중 한 곳으로 간다고 기별한다. 기존 신학과 성경 해석으로는 [성 밖=지옥]의 등식에 의거, 이기지 못하는 자는 지옥(불 못)에 가는 것으로 해석하고 있다. 그러나 서사라 목사는, 천국에서 100여개 깊이의 계단 아래의 어떤 처소, 곧 믿음을 가졌으나 이기지 못하고 악한 죄를 회개치 않은 자들이 지옥(불 못)이 아니라 새 예루살렘 성(城)밖에서 고초 당하는 모습을 목격하였다. 그들은 천사들의 통제 하에 어두운 곳에서 이를 갈고 슬피 울며 후회의 삶을 살고 있는 상황을 주님과 모세로부터 확인하였다. 또한 성경 말씀(계21:7-8 vs 계22:14-15)에 근거하여 성(城)밖은 지옥(불 못)이 아니라 이 둘이 구분된다는 결과를 기별하였다.

  주님은 [계21장 7-8절]에서 '새 예루살렘 성 안과 지옥(불 못)'을 명확히 구분하여 말씀하신다(이기지 못하는 자는 '지옥(불 못)'에 던져진다). 그러나 [계22장 14-15절]에서는 '성 안과 성(城)밖'을 분명하게 구분하여 기술하셨다. 그렇다면 성(城)밖은 단순히 '지옥의 상징적 표현'이 아니라 새 예루살렘 성 안과 구별되는 성(城)밖의 실재인 것으로는 볼 수 없는 것인가? 여기에 대하여 필자는, 기존 신학의 프레임(Frame)에 맞추

려는 인본주의적 성경 해석의 오류가 있을 가능성에 대하여도 다시 한 번 검토해 볼 필요성이 있다고 생각한다.

셋째, 서사라 목사의 '성(城)밖은 지옥이 아니라 새 하늘과 새 땅의 천국(새 예루살렘)에 귀속 한다'는 기별에 대한 소견: 서사라 목사는 영원천국 도성(The Holy City of Jerusalem)의 성(城)밖의 형편을 간증하면서, 그곳은 하나님의 영광이 미치지 못하는 어두운 곳이라 한다. 그 곳의 사람들은 모두가 흰옷을 입고 있으며 얼굴은 젊은 때의 모습이고 천사가 그들을 통제 감독한다고 한다. 그리고 그들이 받는 형벌은 지옥(불 못)의 참혹한 상황과는 비교할 수 없는 가벼운 것이라 한다. 이 같은 맥락에서 비록 생명나무 열매와 생명수 강물 그리고 하나님과 주님 영광의 빛이 없는 어두운 곳이지만 이곳 성(城)밖은 천국의 영역에 속한다는 것이다.

이러한 서사라 목사님의 기별과 관점이 천국과 지옥에 관한 기존의 신학사상과 성경 해석에 배치되는 것으로 인식할 수도 있다는 측면에서, 필자는 독자들께서 이것을 '저자(서서라 목사)의 성경 해석의 새 관점'으로 이해하시길 바랍니다. 또한 이 세 가지의 신학적 담론(談論)이 담긴 천상에서 기별한 소책자 ―「성경이 말하는 성(城)밖―이기지 못하는 자들이 가는 곳」을 우리 한국 현대신학 특히, 교회와 공동체의 실천신학 발전을 위한 새로운 천상의 비밀 내지는 제안으로 받아, 많은 사람들이 읽고 큰 은혜 나누실 것을 기대합니다. Soli Deo Gloria !

원로인 이성무 목사

"보라 내가 속히 오리니 내가 줄 상이 내게 있어 각 사람에게 그가 행한 대로 갚아 주리라 나는 알파와 오메가요 처음과 마지막이요 시작과 마침이라. 자기 두루마기를 빠는 자들은 복이 있으니 이는 그들이 생명나무에 나아가며 문들을 통하여 성에 들어갈 권세를 받으려 함이로다. 개들과 점술가들과 음행하는 자들과 살인자들과 우상숭배자들과 및 거짓말을 좋아하며 지어내는 자는 성밖에 있으리라" (계 22:12-15)

"사망과 음부도 불못에 던져지니 이것은 둘째사망 곧 불못이라 누구든지 생명책에 기록되지 못한 자는 불못에 던져지리라" (계 20:14-15)

이 말씀들에 보면 분명히 예수님을 알지 못한 자들은 100% 지옥 불못에 던져진다. 생명책에 그의 이름이 기록된 일이 없었기 때문이다. 그런데 예수님은 믿고 거듭나서 그 이름이 생명책에 기록된 자들은 100% 천국에 들어갑니다. (그의 이름이 지워지지 아니하였다면) 그런데 우리가 알아야 하는 것은 크리스찬이었지만 누구나 다 새 예루살렘 성 안으로 들어가는 것은 아니다. 분명 "성 밖에 있으리라" "바깥 어두운 데에 내던져지리라 거기서 슬피 울며 이를 갈게 되리라" (마22:13) "이 무익한 종을 바깥 어두운 데로 내어 쫓으라 거기서 슬피 울며 이를 갈리라" (마25:30) 기록된 말씀이 있다. 악한 종, 예복을 입지 못한 자, 받은 달란트에 이윤을 남기지 못한 자들, 열처녀 중에서 기름 준비가 부족했던 미련한 다섯 처녀들은 하나님의 영광이 해같이 빛나는 새 예루살렘 성 안이 아니라 성 밖에 있게 된다.

바로 이런 문제에 의문들을 풀어줄 수 있는 책이 이 책입니다. 그래서 기쁜 마음으로 이 책을 꼭 읽고 새 예루살렘성 안에 들어가는 준비에 부족함이 없게 되기를 간절하게 바라면서 다시 한번 이 책을 추천합니다.

성경이 말하는 성밖

– 이기지 못하는 자들이 가는 곳

I. 새 하늘과 새 땅의
새 예루살렘 성밖은 어디인가?

우리가 말하는 소위 천국이라고 하는 것은 현재 우리가 말하는 낙원이다.

그리고 셋째하늘이다. 천국 = 낙원 = 하늘 = 셋째하늘인 것이다 (참조: 고후 12장, 서사라 목사의 천국과 지옥간증 수기 5, '계시록 이해'의 요약편 13. 낙원과 천국 그리고 영원천국).

그러나 영원한 천국 즉 영원천국은 지금 우리가 말하는 천국이 아니다. 왜냐하면 성경은 영원천국에 대하여 계시록 21장 1-4절에서 잘 말하고 있다. 즉 새 하늘과 새 땅이 열리고 새 예루살렘성이 낙원(하늘)에서 내려와야 영원한 천국 즉 영원천국이 시작되기 때문이다.

[계 21:1-4]
(1)또 내가 새 하늘과 새 땅을 보니 처음 하늘과 처음 땅이 없어졌고 바다도 다시 있지 않더라 (2)또 내가 보매 거룩한 성 새 예루살렘이 하나님께로부터 하늘에서 내려오니 그 예비한 것이 신

부가 남편을 위하여 단장한 것 같더라 (3)내가 들으니 보좌에서 큰 음성이 나서 가로되 보라 하나님의 장막이 사람들과 함께 있으매 하나님이 저희와 함께 거하시리니 저희는 하나님의 백성이 되고 하나님은 친히 저희와 함께 계셔서 (4)모든 눈물을 그 눈에서 씻기시매 다시 사망이 없고 애통하는 것이나 곡하는 것이나 아픈 것이 다시 있지 아니하리니 처음 것들이 다 지나갔음이러라

그런데 이 영원한 천국이 시작되기 위하여 새 하늘과 새 땅에 새 예루살렘성이 하늘에서 내려온다 하였는데 (계 21: 1-2) 이 하늘은 지금 현재 우리가 말하는 천국 혹은 낙원인 것이다 (참조: 고후 12장, 서사라 목사의 천국과 지옥간증 수기 5, '계시록 이해'의 요약편 13. 낙원과 천국 그리고 영원천국).

이것은 또한 낙원에서도 예루살렘성이 있고 성안과 성밖이 구분되고 있음을 말하고 있다. 왜냐하면 하늘 (=낙원) 에서 새 예루살렘성이 내려온다고 했기 때문이다.

이것을 또한 우리는 계시록 2장 7절과 계시록 22장 14절을 비교하여 보면 새 예루살렘성이 낙원 (현재 우리가 말하는 천국 혹은 하나님이 계시는 하늘) 에서 내려오는 것을 알 수 있다.

왜냐하면 이 생명나무의 과실이 낙원에 있었는데 이 생명나무가 계시록 22장 14절에서는 새 하늘과 새 땅의 새 예루살렘성안에서 발견되기 때문이다.

[계 2:7]
귀 있는 자는 성령이 교회들에게 하시는 말씀을 들을지어다 이기
는 그에게는 내가 하나님의 낙원에 있는 생명나무의 과실을 주
어 먹게 하리라

[계 22:14]
그 두루마기를 빠는 자들은 복이 있으니 이는 저희가 생명 나무에
나아가며 문들을 통하여 성에 들어갈 권세를 얻으려 함이로다.

그러므로 새 하늘과 새 땅에도 새 예루살렘 성안과 성밖이 있는 것
이다. 성밖은 여기는 당연히 지옥이 아니다. 새 하늘과 새 땅이다.

II. 누가 성밖으로 가는가?
: 예수를 믿으나 이기지 못하는
삶을 사는 자들이 이곳을 간다.

이 성밖의 이야기는 계시록 22장 14-15절에 명백히 나온다.

[계 22:14-15]
(14)그 두루마기를 빠는 자들은 복이 있으니 이는 저희가 생명
나무에 나아가며 문들을 통하여 성에 들어갈 권세를 얻으려 함
이로다 (15)개들과 술객들과 행음자들과 살인자들과 우상 숭배
자들과 및 거짓말을 좋아하며 지어내는 자마다 성밖에 있으리라

새 하늘과 새 땅이 열리고 새 예루살렘성이 하늘(낙원)에서 내려
온 후(계 21장)의 말씀들이므로 이 성은 명백히 열두 진주문이 있
는 새 예루살렘성이다. 다른 성이 없는 것이다.

이곳은 예수님께서 열처녀 비유에서 말씀하신 것과도 일치하고 있
다. 그래서 여기는 열처녀중 기름준비를 충분히 못하여 정작 주
님이 오실 때에 그 불이 꺼져 가고 있었던 미련한 다섯 처녀가 남
게 된 곳이다.

[마 25:6-13]

(6)밤중에 소리가 나되 보라 신랑이로다 맞으러 나오라 하매 (7)이에 그 처녀들이 다 일어나 등을 준비할새 (8)미련한 자들이 슬기 있는 자들에게 이르되 우리 등불이 꺼져가니 너희 기름을 좀 나눠 달라하거늘 (9)슬기 있는 자들이 대답하여 가로되 우리와 너희의 쓰기에 다 부족할까 하노니 차라리 파는 자들에게 가서 너희 쓸 것을 사라 하니 (10)저희가 사러 간 동안에 신랑이 오므로 예비하였던 자들은 함께 혼인 잔치에 들어가고 문은 닫힌지라 (11)그 후에 남은 처녀들이 와서 가로되 주여 주여 우리에게 열어 주소서 (12)대답하여 가로되 진실로 너희에게 이르노니 내가 너희를 알지 못하노라 하였느니라 (13)그런즉 깨어 있으라 너희는 그 날과 그 시를 알지 못하느니라

또한 이 성밖은 주님이 말씀하신 바깥 어두운 데이며 슬피 울며 이를 가는 장소이다.

왜냐하면 열처녀 비유에서 천국은 이와 같으니 하시면서 열처녀 비유를 말씀하고 있고 또한 마태복음 25장 14절에서 문맥상 '천국은 또 이와 같다 하리니' 라고 되풀이하고 있는 것을 보기 때문이다.

[마 25:1]

그 때에 천국은 마치 등을 들고 신랑을 맞으러 나간 열 처녀와 같다 하리니

그 다음 바로 달란트 비유를 하시는데

[마 25:14]

또 어떤 사람이 타국에 갈제 그 종들을 불러 자기 소유를 맡김과 같으니

이 14절은 마태복음 25장 1절의 '그 때에 천국은… 열처녀와 같다 하리니' 를 받고 있는 것이다.

그러므로 14절을 다시 쓰면 '그 때에 천국은 또 어떤 사람이 타국에 갈제 그 종들을 불러 자기 소유를 맡김과 같으니' 라고 된다.

즉 열처녀 비유에서나 달란트 비유에서 둘 다 천국에서 일어나는 일을 말하고 있다. 그러므로 천국은 새 하늘과 새 땅인데 거기에는 성안으로 들어가는 자가 있고 성밖에 남는 자가 있음을 말하고 있는 것이다.

이 성밖에는 주님 오시는 것을 알면서 기름준비를 충분히 하지 못한 미련한 다섯 처녀가 여기에 남았고 또한 달란트 비유에서 한 달란트를 받아서 땅에 묻어둔 자가 남게 된 곳이다.

[마 25:28-30]

(28)그에게서 그 한 달란트를 빼앗아 열 달란트 가진 자에게 주어라 (29)무릇 있는 자는 받아 족하게 되고 없는 자는 그 있는 것까지 빼앗기리라 (30)이 무익한 종을 바깥 어두운 데로 내어쫓으

라 거기서 슬피 울며 이를 갊이 있으리라 하니라

그곳은 새 하늘과 새 땅이지만 이곳은 분명히 문밖 즉 성밖으로 바깥 어두운 데이며 슬피 울며 이를 가는 장소라는 것을 알 수 있다.

그러면 이 장소에는 누가 오는가?

주님이 말씀하신 미련한 다섯 처녀와 하나님으로부터 달란트를 받았으나 일하지 아니한 자들, 그리고 소위 말씀에서 말하는 이기지 못하는 자들이 오는 장소인 것이다.
이 장소는 새 하늘과 새 땅으로서 천국에 속한 장소이며 지옥과는 전혀 다른 장소이다.

그러므로 천국은 두 장소로 구분된다. 새 하늘과 새 땅에서 새 예루살렘 성안과 성밖으로 구분되는 것이다.

이들은 다 예수를 믿는 자들이었다. 그러나 예수를 믿고 영원한 불못에서는 구원을 받았으나 이기는 삶을 살지 못한 자들이라 하나님의 영광이 해같이 빛나는 성안으로 못 들어가고 성밖에 남는다.

(더 자세한 것은 Part III, VI. 이기는 자와 이기지 못하는 자 부분을 보라)

III. 성밖으로 쫓겨나는 자들과 지옥으로 가는 자들의 차이를 열거하여 본다. 이것은 매우 중요하다.

성밖에 있는 자들 :

1. 흰 옷을 입고 있다.
2. 얼굴이 천국의 성안으로 들어가는 자들처럼 다 젊다.
3. 형벌이 매우 가벼워 지옥의 형벌에 비하면 아무 것도 아니다.
4. 천사가 이곳을 다스리고 있다.
5. 천국의 성안 레벨에서 계단 약 100개 내지 150개정도 아래에 존재한다.

지옥에 가는 자들 :

1. 벌거벗고 있다.
2. 얼굴이 죽을 때의 나이 그대로이다.
3. 형벌이 상상을 초월할 정도로 극심하다.
4. 마귀 부하가 이곳을 다스리고 있다.
5. 천국의 성안의 레벨에서 무한정 아래 (깊이를 알 수 없는) 에 존재한다.

IV. 성밖에서 받는 벌들

여기에 대하여서는 주님께서 지금까지 나에게 밝혀주신 것만 정리하여 보았다.

여기서는 슬피 울며 이를 가는 것은 공통인 것 같다.
그런데 각 그룹마다 다른 형벌을 받고 있는 것을 보았다.

여태까지 내가 본 성밖의 여러 가지 그룹들 :

1. 흰 옷을 입고 앉아 있다가 불려나가 매를 맞고 들어와서 슬피 운다.
2. 뒤로 손이 묶인 채로 앉아서 입으로 무엇인가를 나르고 있는 그룹
3. 좁은 곳으로 몸을 통과하여야 하는 괴로움을 당하는 그룹
4. 쇠창살 안에 들어 있는 그룹, 이들이 불려나가 매를 맞는 것도 보았다.
5. 배 위에 바위를 얹고 꼼짝 않고 있어야 하는 그룹
6. 큰 나무 기둥을 어깨에 메고 힘들게 날라야 하는 그룹
7. 롯과 같이 뱀에게 상체가 감긴 채로 앉아 있는 그룹

V. 실제로 성밖을 가 보다.

①

살아생전 유명하였던 얼마 전에 돌아가신 대형교회 OOO 목사님을 쇠창살 안에 있는 것을 보다.

(2013. 11. 24)

보통 때와 같이 천국에 갔다.

주님이 나를 맞아 주신다. 주님과 내가 구름을 타고 먼저 간 곳은 구름이 많이 모여 있는 곳이었다. 구름들이 모여 있는 모양이 달 걀을 담는 플라스틱 통의 뚜껑처럼 위로 볼록볼록 솟아서 쭉 펼쳐 져 있는 모습이었다.

 '왜 이렇게 많이 모여 있을까?' 하고 생각했을 때에

아하! 천국에 있는 자들이 천국에서 필요하면 타고 다니는 자가용 이 바로 이 구름들이라는 것을 알 수 있었다.

그러고 나서 나는 주님과 함께 벤치에 앉아 '이야기하고 싶어 요.' 하였더니 주님이 '그래' 하시면서 나를 다시 구름에 태우 고 어느 정원의 벤치로 데려 가셨다.

현재 내 눈에는 앞에 정원의 아름다운 꽃들이 다 보이는 것이 아니라 그냥 내 앞에 정원이 있다는 것을 아는 정도이다.

더 자세히 보려고 하면 보이겠지만 나는 지금 그것이 중요한 것이 아니라 내가 주님과 같이 앉아있다는 것이 나에게는 더 중요하였다. 그리고는 다른 것에는 별로 관심이 없었다. 그러나 주님이 내게 정원의 하나하나의 꽃을 보여주시고자 하실 때는 또 자세히 그 색깔 하나하나까지 잘 보인다.

나는 주님께 물었다.

'주님 OOO 목사님을 보고 싶어요.'

나는 당연히 그 목사님이 천국에 계실 것을 믿고 물은 것이다. 그 목사님은 살아생전 참으로 큰 대형교회의 목사님이셨다. 지금도 누구라 하면 모르는 사람들이 없을 정도다.

그랬더니 주님의 얼굴이 약간 일그러지면서 슬픈 표정이 되신다. 그러면서 하시는 이야기가 "그는 지금 여기 없다." 라고 나지막이 말씀하시는 것이었다.

나는 깜짝 놀라

"네?"

"그럼 어디에?"

"왜 보고 싶으냐?"

나는 순간 아무 말을 못하고 있었다. 그랬더니 주님이 하시는 말씀, "그는 내 영광을 훔쳤느니라."

그리고 내 눈에는 갑자기 OOO 목사님이 흰 옷을 입고 쇠창살 안에 있는 것이 보이는 것이었다.

그는 이렇게 소리치고 있었다.

"내가 왜 여기 있어야 돼?"

"내가 왜 여기 있어야 하느냐고?"

"아이고… 너희는 여기 오지 마. 주의 일 한다면서 하나님 영광을 훔치면 나처럼 이같이 돼. 여기 오지 마 여기 오지 마."

이렇게 외치는 것이었다.

나는 그 모습을 보면서 그분이 살아생전 모두에게 잘 알려진 두 가지 큰 일들이 생각났다. 그 일은 일본에서의 사역과 TV를 통한 사역이다. 그랬다. 분명 그분이 주님의 일을 하신 것은 분명한 것 같은데 주님의 이름보다 그분의 이름이 더 높아져 있었다. 오 주님! 이를 어떡하면 좋아요. 그것은 나의 절규였다.

그러고 나서 나는 다시 주님과 같이 벤치에 앉아있는 나를 본 것이다. 내가 잠시 그 자리를 떠나서 다른 장소에 갔다 온 것이다. 아니 사실 나는 잘 모르겠다. 그 장면이 내 앞에 그냥 펼쳐진 것이다. 내가 갔다 온 것인지 그냥 벤치에 앉아서 보여진 것인지 나는 모르겠다.

그러나 나는 분명 다시 주님과 같이 벤치에 앉아 있었다.

주님이 우신다.

"내 종들이……" 하시면서.

나는 괴로웠다. 내 영이 많이 슬펐다.

이것을 본 것은 저녁 9시경에서 10시 사이다.

그런데 그 후 1시간 반 동안 내 영은 계속 괴로워했다.

그 후 11시 반에 잠자리에 들려고 누웠다.

그러나 계속 OOO목사님 생각에 잠이 오지를 않았다.

내 영이 무척 슬퍼하고 있었다.

그래서 잠이 오지 않아 시계를 보니 벌써 새벽 1시 반이다.

잠자리에서도 2시간 반 동안 괴로워서 잠이 오지 않았던 것이다.

그러다가 나도 모르게 잠이 들었다.

우리는 아무리 주의 일을 많이 했다 하여도 모든 영광을 하나님께 돌리고 우리는 오직 무익한 종으로 남아야 할 것이다.

그리고 우리 주의 종들이 가야 할 길은 높아지는 것이 아니라 오직 주님만 높아지고 우리는 오직 낮아지는 길로 가야 할 것이다.

[사 42:8]

나는 여호와니 이는 내 이름이라 나는 내 영광을 다른 자에게, 내 찬송을 우상에게 주지 아니하리라

[눅 17:7-10]

(7)너희 중에 뉘게 밭을 갈거나 양을 치거나 하는 종이 있어 밭에서 돌아오면 저더러 곧 와 앉아서 먹으라 할 자가 있느냐 (8)도리어 저더러 내 먹을 것을 예비하고 띠를 띠고 나의 먹고 마시는 동안에 수종들고 너는 그 후에 먹고 마시라 하지 않겠느냐 (9)명한 대로 하였다고 종에게 사례하겠느냐 (10)이와 같이 너희도 명령 받은 것을 다 행한 후에 이르기를 우리는 무익한 종이라 우리의 하여야 할 일을 한 것 뿐이라 할지니라

주의 일을 한다면서 하나님의 영광을 가로챈 목사들은 이 목사님과 같이 쇠창살이 있는 곳으로 가게 될 것이 분명하다.

우리가 주의 종으로서 아무리 많은 일을 했다 할지라도 그 모든 영광을 주님께 돌려야 할 것이다.

* 부연설명 : 나는 여기가 지옥인지 아니면 이기지 못하는 자들이 가는
성밖인지 확실치 않다. 다만 나는 이 시점에서 내가 본 것
만을 증거할 뿐이다. 나는 다만 이 목사님이 주님이 계시는
천국에 없다는 사실을 확인하였고 또한 그가 쇠창살 안에
있다는 것만 증거 할 뿐이다.

2

내 방식대로 산 크리스천이 가는 곳, 여기는 어디일까?

(2013.12.5)

천국으로 올라갈 때에 황금보석 꽃마차를 가지고 나를 맞으러 오는 천사는 항상 두 명이다. 한 명은 수레에 타서 말을 모는 천사이고 그리고 다른 한 명은 항상 바깥에 서서 나를 맞이한다. 그리고 이들은 옛날 제사장들이 입는 것과 같은 하얀 옷을 입은 천사들이다. 이들은 날개가 없는 천사들이다.

바깥에 서서 나를 맞이하는 천사가 말한다.

"주인님 어서 오십시오. 어서 타십시오."

이 천사는 나를 주인님이라 부른다.

그러면 나는 황급히 마차를 탄다.

나는 주님을 뵌 지 벌써 하루반이 지났다.

그를 보고 싶은 그리움이 물밀듯이 몰려왔다. 빨리 그분을 뵙고 싶은 것이다. 곧 마차가 천국에 도착하고 주님은 항상 나의 오른편에 서서 나를 맞이하여 주신다.

주님이 말씀하신다. "딸아 내 신부야 어서 오너라."

나는 주님을 보자마자 그분의 옷자락에 푹 안겼다.

왜냐하면 너무 보고 싶었기 때문이다. 그런데 나의 왼편 앞쪽으로 한 여인이 서서 나를 맞이하여 주는데 그녀는 아름다운 금면류관을 쓰고 있었다. 그 면류관 앞에는 큰 보석이 하나 중앙에 박혀 있었다. 나는 '누구지?' 하는 질문이 생겼다.

얼굴이 클레오파트라처럼 예뻤다. 그러는 사이에 주님과 나는 구름을 급히 타고 날았다. 그 여인을 뒤에 두고....

(나중에 안 사실인데 이 여인이 예수를 육체로 낳은 마리아였다. 그러나 무슨 일인지 모르지만 이 날은 나에게 그녀가 누구인지 알려지지 않았다.)

주님과 구름을 타고 나는데 이번에는 그 나는 속도가 엄청나다. 우리가 구름을 타고 나는데 비행하는 느낌이고 주님은 나를 데리고 멀리멀리 가신다.

우리 밑에는 산이 보였는데 그 산들을 넘고 또 넘고 하였다.

그리고 비행하는 속도가 얼마나 빠른지 모르겠다.

나는 굉장히 궁금하였다. 도대체 어디로 가시는 것일까?

그 순간 여태까지 느껴지던 천국의 아름다움이 없어지고 전체적인 황량함이 순식간에 느껴지면서 어디로 확 빨려 들어가는 느낌을 받은 것이다. 그리고 그 다음 순간 내 앞에 보이는 것은 한 파리한 영혼이 힘없이 땅에 나자빠져 있는 것이었다. 예를 들자면 뼈가 없이 흐물흐물하여 땅에 나자빠져 있는 것 같은 모양이다. 꼭 영양실조에 걸린 자처럼 힘없이 나자빠져 있었다.

순간 나는 겁이 나서 주님이 어디계신가? 하고 알려 하였는데 다행히 그분이 흰 옷을 입으시고 내 옆에 계심이 알아졌다.

한 영혼은 이렇게 나자빠져 있고 또 그 바로 옆 칸에 있는 영혼이 나에게 말한다.

여기에는 쇠창살이 없다. 마귀의 부하도 안 보이고 구렁이도 안 보이고 고문하는 기구도 없다. 그러나 방이 확실히 나누어져 있긴 한데 옆에 있는 방하고는 그냥 담이 하나 있어서 옆에 칸과 구분이 되고 있다. 그래서 그 다음 칸에 있는 영혼이 말한다. 그런데 영어로 말한다.

"I loved God. But I am here. I never tried to keep His commandments. I lived always my own way"

즉 자기는 하나님을 사랑했는데 여기 와 있다는 것이다.

그런데 자기는 한 번도 하나님의 명령을 지키려고 하지 않았고 자기 방식대로만 살았다고 말하는 것이었다. 즉 그가 왜 여기 와 있는지를 자신이 설명을 하는 것이다.

그 영혼은 교회를 다녔었다. 그러나 하나님의 명령을 무시하고 자기 방식대로 늘 살아온 것이다. 그리고 죽어서는 여기에 온 것이다. 주여!

그러면서 나는 '여기가 어디일까?' 궁금하여 하면서 그러다 나는 잠이 들었다.

그런데 나는 깨어나서도 궁금했다. 도대체 거기가 어디인가?

저번에 한 번 이런 곳과 유사한 곳을 본 적이 있다.

③
계시록에서 말하는 이기는 자와
이기지 못하는 자의 차이.
(2013.12.10)

천국에 갔다. 주님이 나를 맞아 준다.

그리고 어여쁜 수종 드는 여인이 보인다. 그녀는 머리를 뒤로 조금 길게 묶었고 앞치마를 두르고 있었다. 길에는 아이보리 색깔의 비단으로 된 원단이 저 멀리까지 쫙 깔려 있었다.

나의 복장은 리본 같이 생긴 황금 띠로 장식된 드레스를 입고 있었고 주님과 같이 그 원단이 깔린 길로 같이 가는 것이었다.

주님과 같이 길을 걷는다는 것은 나에게 즐거움과 기쁨을 극도로 충만케 했다.

꼭 신랑 신부 입장하는 것 같이 너무나 기뻤다.

우리 앞에서는 초록색깔의 어릿광대처럼 생긴 조그만 천사가 좋아서 이리 뛰고 저리 뛰고 하고 있었다. 주님과 나는 그 길을 그렇게 즐겁게 입장하듯이 걸었다.

그리고 그 길 끝에 쯤 가서 주님과 나는 구름을 타고 그리고 인간 창조역사관으로 갔다.

한참 날다가 박물관 지붕이 보였다. 그 지붕은 녹색 나선형무늬로 된 큰 건물인데 숲으로 둘러싸여 있었다. 우리는 곧 입구로 들어섰다. 거기는 아무도 없었다.

들어서자마자 보이는 그림은 한 죄인인 여인이 회개하며 눈물로 주님의 발을 씻는 장면이었다. 이 그림은 저번에도 보았다. 그런데 이번에는 그 옆쪽으로 있는 그림이 보였다.

그것은 베드로가 가슴까지 물에 빠져있고 그 때 주님이 곧 오셔서 팔을 내미는 장면이었다. 그 그림을 보고 있는데 벌써 베드로가 우리 옆에 나타났다.

언제나 그렇듯이 그는 항상 기쁘고 덤벙대며 매우 성격이 활달하다는 것이 그를 보자마자 느낀다. 베드로가 말한다.

"아이구! 나는 왜 이런 것으로 사람들에게 유명한지 모르겠어요." 라고 말한다.

즉 자신이 사람들에게 예수님을 세 번 부인한 사건으로 유명하고 또 물위를 걷다가 갑자기 일어난 풍랑 때문에 의심하다가 물에 빠진 사건으로 유명하다는 것이다. 즉 다 이렇게 안 좋은 일로 유명하다는 것이다.

우리는 그 말에 주님과 나 그리고 베드로 모두 크게 웃었다.

"그러나 우리 베드로 선생님은 아주 훌륭한 주님의 수제자였어요." 하고 나는 마음으로 그를 위로했다. 우리는 서로 말없이 마음으로 통했다.

그 다음 사도 요한이 도착했다. 사도 요한은 금발 머리를 한 아름다운 청년이다.

그 다음 우리는 어디로 갈까 의논하였는데

주님께서 일곱 교회에 편지 보낸 곳의 그림이 있는 곳으로 가자는 의견이 모아졌다.

내가 생각하기는 주님은 우리가 이미 그쪽으로 이동할 줄 아시고 요한을 부르신 것 같았다. 우리는 주님이 마지막 편지를 보낸 교회 라오디게아 교회의 그림이 있는 쪽으로 갔다. 거기는 주님이 문밖에 서서 문을 열어달라고 두드리고 있는 모습이 크게 그려져 있었다.

주님이 없는 교회, 주님이 없는 신앙생활을 하고 있는 라오디게아 교회였다.

나는 주님께 물었다.

"주님, 주님 없는 신앙생활하거나 내가 주인 되어 신앙생활하면 어떻게 되는 거지요?"

모든 사람의 얼굴이 먹통이 되는 느낌을 받았다. 즉 그들의 얼굴들이 사라져 버린 것이다. 더 이상 그들의 얼굴이 보이지 아니하였다. 나는 내려와야 했다.

그것이 대답인가? 천국에 못 온다는 이야기인가?

[계 3:15-21]

(15)내가 네 행위를 아노니 네가 차지도 아니하고 더웁지도 아니하도다 네가 차든지 더웁든지 하기를 원하노라 (16)네가 이같이 미지근하여 더웁지도 아니하고 차지도 아니하니 내 입에서 너를 토하여 내치리라 (17)네가 말하기를 나는 부자라 부요하여 부족한 것이 없다 하나 네 곤고한 것과 가련한 것과 가난한 것과 눈 먼 것과 벌거벗은 것을 알지 못하도다 (18)내가 너를 권하노니 내게서 불로 연단한 금을 사서 부요하게 하고 흰 옷을 사서 입어 벌거벗은 수치를 보이지 않게 하고 안약을 사서 눈에 발라 보게 하라 미지근하여 내가 토하여 내치리라 (19)무릇 내가 사랑하는 자를 책망하여 징계하노니 그러므로 네가 열심을 내라 회개하라 (20)

볼지어다 내가 문밖에 서서 두드리노니 누구든지 내 음성을 듣고 문을 열면 내가 그에게로 들어가 그로 더불어 먹고 그는 나로 더 불어 먹으리라 (21)이기는 그에게는 내가 내 보좌에 함께 앉게 하 여주기를 내가 이기고 아버지 보좌에 함께 앉은 것과 같이 하리라

이기는 자는 주님의 보좌에 앉게 하여 주리라.
갑자기 내 질문에 그들의 얼굴이 먹통이 되어 버린 것은
하늘의 주님의 보좌에 앉혀지지 못한다는 의미인가?
아니면 이전에 보여주었는데 또 보여 달라고 해서 그런 것인가?

크리스천은 크리스천인데 하나님의 명령을 지키지 못하는 자들,
즉 라오디게아 교회같이 이기지 못하는 자들이 가는 곳은 어디인
가를 여기서 정리하여보고자 한다.
주님이 사도 요한을 통하여 계시록에서 하신 말씀을 토대로 보면
이렇게 정리가 된다.

성경구절	이기는 자	이기지 못하는 자
[계 2:7] 귀 있는 자는 성령이 교회들에게 하시는 말씀을 들을지어다 이기는 그에게는 내가 하나님의 낙원에 있는 생명나무의 과실을 주어 먹게 하리라	생명나무의 과실을 먹게된다.	생명나무의 과실을 못먹는다.
[계 2:11] 귀 있는 자는 성령이 교회들에게 하시는 말씀을 들을지어다 이기는 자는 둘째 사망의 해를 받지 아니하리라	둘째 사망의 해를 받지 않는다.	둘째 사망의 해를 받게 된다.
[계 2:17] 귀 있는 자는 성령이 교회들에게 하시는 말씀을 들을지어다 이기는 그에게는 내가 감추었던 만나를 주고 또 흰 돌을 줄 터인데 그 돌 위에 새 이름을 기록한 것이 있나니 받는 자 밖에는 그 이름을 알 사람이 없느니라	하늘의 감추어진 만나를 먹게 되고 또 새 이름이 새겨진 흰돌을 받게 된다.	하늘의 만나를 못먹게 되고 새이름이 새겨진 흰돌도 못받는다.
[계 2:26] 이기는 자와 끝까지 내 일을 지키는 그에게 만국을 다스리는 권세를 주리니	만국을 다스리는 권세를 받는다.	만국을 다스리는 권세가 없다.
[계 3:5] 이기는 자는 이와 같이 흰 옷을 입을 것이요 내가 그 이름을 생명책에서 반드시 흐리지 아니하고 그 이름을 내 아버지 앞과 그 천사들 앞에서 시인하리라	흰옷을 입는다. 생명책에서 이름이 흐려지지 아니한다. 그리하여 하나님 아버지앞과 천사들 앞에서 그이름이 시인된다.	흰옷을 입지 못한다. 생명책에서 이름이 흐려진다 그리하여 하니님이비지앞괴 천사들앞에서 그이름 이시인되지 못한다.

성경구절	이기는 자	이기지 못하는 자
[계 3:12] 이기는 자는 내 하나님 성전에 기둥이 되게 하리니 그가 결코 다시 나가지 아니하리라 내가 하나님의 이름과 하나님의 성 곧 하늘에서 내 하나님께로부터 내려 오는 새 예루살렘의 이름과 나의 새 이름을 그이 위에 기록하리라	하나님성전에 기둥이 된다. 하나님의 이름 새예루살렘의 이름 그리고 예수님의 새 이름이 그 사람위에 기록된다.	하나님성전에 기둥이 되지 못하여 하나님의 이름 새예루살렘의 이름 그리고 예수님의 새 이름이 그 사람위에 기록되지 못한다.
[계 3:21] 이기는 그에게는 내가 내 보좌에 함께 앉게 하여주기를 내가 이기고 아버지 보좌에 함께 앉은 것과 같이 하리라	예수님이 앉으신 그 보좌에 함께 앉게 된다.	예수님이 앉으신 그 보좌에 함께 앉지 못한다.
[계 21:6-7] (6)또 내게 말씀하시되 이루었도다 나는 알파와 오메가요 처음과 나중이라 내가 생명수 샘물로 목 마른 자에게 값 없이 주리니 (7)이기는 자는 이것들을 유업으로 얻으리라 나는 저의 하나님이 되고 그는 내 아들이 되리라	생명수 샘물을 값없이 마신다. 하나님의 아들이 된다.	생명수 샘물을 마실 수 없다. 하나님의 아들이 되지 못한다.

성경은 이기는 자와 이기지 못하는 자에 대하여 아주 상세히 잘 가르쳐 주고 있다.

이기지 못하는 자들이 가는 곳? 거기가 어디일까?

그곳은 아마도 성밖일 것이다.

거기는 영혼들이 나자빠져 있었고 슬피 울며 이를 갈고 있었고 매를 맞고 있는 자들도 있었다.

다음은 주님이 하신 말씀들이다.

[마 24:48-51]
(48)만일 그 악한 종이 마음에 생각하기를 주인이 더디 오리라 하여 (49)동무들을 때리며 술친구들로 더불어 먹고 마시게 되면 (50)생각지 않은 날 알지 못하는 시간에 그 종의 주인이 이르러 (51)엄히 때리고 외식 하는 자의 받는 율에 처하리니 거기서 슬피 울며 이를 갊이 있으리라

[마 22:9-13]
(9)사거리 길에 가서 사람을 만나는 대로 혼인 잔치에 청하여 오너라 한대 (10)종들이 길에 나가 악한 자나 선한 자나 만나는 대로 모두 데려 오니 혼인자리에 손이 가득한지라 (11)임금이 손을 보러 들어올새 거기서 예복을 입지 않은 한 사람을 보고 (12)가로되 친구여 어찌하여 예복을 입지 않고 여기 들어왔느냐 하니 저가 유구무언이어늘 (13)임금이 사환들에게 말하되 그 수족을 결박하여 바깥 어두움에 내어 던지라 거기서 슬피 울며 이를 갊이 있으리라 하니라

[마 25:28-30]
(28)그에게서 그 한 달란트를 빼앗아 열 달란트 가진 자에게 주어라 (29)무릇 있는 자는 받아 족하게 되고 없는 자는 그 있는 것까지 빼앗기리라 (30)이 무익한 종을 바깥 어두운 데로 내어쫓으라 거기서 슬피 울며 이를 갊이 있으리라 하니라

여기서 악한 종, 예복입지 못한 자, 받은 달란트로 이윤을 남기지 못하고 숨겨둔 자, 그리고 열처녀 중에서 주님을 기다리고 있었으나 기름준비를 충분히 하지 못한 미련한 다섯처녀가 가는 곳이 하나님의 영광이 해같이 빛나는 새 예루살렘 성안이 아니라 성밖인 바로 이곳이라 생각된다.

[마 25:10-13]
(10)저희가 사러 간 동안에 신랑이 오므로 예비하였던 자들은 함께 혼인 잔치에 들어가고 문은 닫힌지라 (11)그 후에 남은 처녀들이 와서 가로되 주여 주여 우리에게 열어 주소서 (12)대답하여 가로되 진실로 너희에게 이르노니 내가 너희를 알지 못하노라 하였느니라 (13)그런즉 깨어 있으라 너희는 그 날과 그 시를 알지 못하느니라

④

바깥 어두운데 슬피 울며 이를 가는
장소를 가다.

(2014.1.3)

주님을 보자마자 울었다. 왜냐하면 너무 보고 싶었기 때문이다.
주님은 너무 인자한 모습으로 나를 맞이해 주셨다.
주님과 나는 분명 황금 길을 걷고 있었는데 그 길이 갑자기 밑으로
내려가는 계단으로 바뀌는 것이었다. 황금으로 된 계단이다. 주님
과 나는 밑으로 밑으로 내려갔다.
계단은 매우 가파랐고 우리는 한참을 밑으로 내려왔다.
내 생각으로 계단이 100개 이상 되는 것 같았다. 기분은 꼭 지옥
으로 내려가는 것 같이 가파랐지만 분명 지옥은 아니었다.
지옥은 계단으로 내려가지 아니한다. 지옥은 꼭 엘리베이터 타고
내려가듯이 밑으로 밑으로 내려간다. 이런 계단으로 내려가는 것
이 아니다.
더구나 이 계단들이 황금으로 되어 있다.
그리고는 우리는 결국 그 계단 아래 바닥에 도착했는데
거기는 바로 내가 하루 전에 본 광장이었다. 즉 어제는 이렇게 계
단을 통하여 내려가는지 모르게 내려갔는데 오늘은 주님과 함께
내려오면서 계단으로 내려온 것이다.
하루 전에 나는 분명 금빛 나는 갑옷으로 무장을 한 여섯 명의 천
사들의 호위를 받으면서 이곳에 왔었다. 그런데 주님과 내가 그

곳에 도착하니 어제 보았던 그 천사들이 거기에 벌써 와 있었다.
오늘 나는 여기에 주님과 함께 온 것이다.

여기에는 큰 건물을 뒤로 하고 넓은 광장에 수많은 사람들이 앉아 있었다.

'도대체 왜 여기에 이렇게 많은 사람들이 앉아 있을까?' 하고 고민하고 있는 그 때에 내 눈에 흰 옷을 입고 앉아 있던 사람들이 한 사람 한 사람씩 불려 나가 곤장을 때리듯이 매를 맞는 것이 보이는 것이었다. 오 마이 갓! (Oh my God!).

이곳은 하나씩 불려나가 매를 맞는 장소였다.

마태복음 24장 45절 이하에 보면
주인이 그 소유를 종들에게 맡기고 멀리 떠났다가 다시 와서 보았을 때에 충성되고 지혜롭고 슬기로운 종이 되어 그 집사람들을 맡아 때를 따라 양식을 나누어 준 자는 주인이 다시 왔을 때에 복을 받지만 그러지 못하고 주인이 올 때까지 동무들을 때리며 술친구들로 더불어 먹고 마신 종은 주님이 말씀하시기를......

마 24장 51절 말씀에 '엄히 때리고 외식하는 자의 받는 율에 처하리니 거기서 슬피 울며 이를 갊이 있으리라' 했는데 우리가 지금 천국에서 황금계단을 통하여 내려간 그곳은 바로 이런 자들이 와서 매를 맞는 장소였던 것이다. 이곳은 분명 지옥이 아니었다.

나는 그리고 나서 내려왔는데 그 다음 또 한 번 더 천국에 올라갔다.

천국에 올라가자마자 내게는 또 밑으로 내려가는 계단이 보였다.
그리고 주님과 나는 다시 조금 전에 내려갔던 그곳으로 내려왔다.
이번에는 단발머리를 한 얼굴이 길고 갸름한 청년이 흰 옷을 입었
는데 엉덩이 부분의 옷이 내려와져 있고 엉덩이가 맞아서 시퍼런
멍이 든 것이 보였다. 주여!
젊은 여자도 보였다. 이들은 여기 앉아서 슬피 울며 이를 갈았다.
그리고 나는 여기 있는 모든 사람들이 젊은이들이라는 것이 알아
졌다. 천국에서 모든 사람들이 젊은 것처럼.....
지옥은 그렇지 않다. 그들이 죽을 때의 나이 그대로 보인다.
그러므로 이 장소는 소위 성경에서 말하는 바깥 어두운데 슬피 울
며 이를 가는 장소인 것이다.
이 장소는 분명 계시록에 나오는 이기지 못하는 자들이 가는 장소
인 것이 틀림이 없다.
즉 이들은 생명나무에 나아가며 문들을 통하여 성에 들어갈 권세
가 없는 자들인 것이다. 주여!

[계 22:13-15]
(13)나는 알파와 오메가요 처음과 나중이요 시작과 끝이라 (14)
그 두루마기를 빠는 자들은 복이 있으니 이는 저희가 생명 나무
에 나아가며 문들을 통하여 성에 들어갈 권세를 얻으려 함이로다
(15)개들과 술객들과 행음자들과 살인자들과 우상 숭배자들과
및 거짓말을 좋아하며 지어내는 자마다 성밖에 있으리라

[마 24:48-51]

(48)만일 그 악한 종이 마음에 생각하기를 주인이 더디 오리라 하여 (49)동무들을 때리며 술친구들로 더불어 먹고 마시게 되면 (50)생각지 않은 날 알지 못하는 시간에 그 종의 주인이 이르러 (51)엄히 때리고 외식 하는 자의 받는 율에 처하리니 거기서 슬피 울며 이를 갊이 있으리라

주님이 나에게 이 장소를 보여주시는 이유가 무엇일까?

최근에 나에게 자꾸만 자신의 생활의 어려움을 말씀하시는 분이 계셨다.

두 번이나 조금씩 도와 드렸건만 또 해야 하나 하는 부담감이 와서 나는 갈등하고 있었던 것이다. 없는 자에게 내 영은 도와주어야 하는 것은 알고 있었으나 마음이 선뜻 내키지 않고 있었다. 그러나 해야 한다는 것은 알고 있었다.

주님은 조금이라도 갈등하는 마음이 있는 나에게 이 장소를 보여주심으로 말미암아 나더러 지혜롭고 슬기로운 청지기가 되기를 원하심을 깨우쳐 주시는 것으로 받아졌다.

나는 천국을 보는 잇점이 여기에 또 하나 있는 것이다.

혹 내가 잘못된 길을 가거나 무엇이 옳은지 갈등하고 있는 그 때 주님은 영락없이 천국에서 이렇게 확실히 나에게 무엇이 옳은 길인지 알려주신다.

할렐루야!

5

지혜롭고 슬기로운 청지기가 되지 못하면
결국 성밖으로 쫓겨난다.

(2014.1.11)

천국에 도착했다.

내 얼굴이 더 자세히 보였다. 머리가 좀 길어졌다.

주님과 함께 황금계단으로 밑으로 밑으로 내려갔다.

즉 외식하는 자들의 받는 처벌이 내려지는 곳으로 다시 간 것이다.

나는 주님께 말했다. 나는 주님이 왜 자꾸 요즘에 몇 번씩이나 나를 이 이기지 못하는 자들이 가는 곳을 데리고 가는지 알아챘다. 그래서 나는 주님께 말씀드렸다.

"주님 알았습니다. 이제 알았어요. 제가 보낼께요."

주님은 한국의 어떤 목사님에게 생활비에 보태 쓰라고 돈을 보내야함을 계속 상기시켜주고 계셨다. 주님은 내가 지혜롭고 슬기로운 청지기가 되어서 때를 따라 양식을 나누어 주기를 원하시고 계셨던 것이다.

한국의 어떤 목사님이 자신의 어려운 처지를 나에게 말씀하여 왔다. 나는 그분을 몇 번을 도와 드렸으나 또 해야 하나 하는 부담스런 마음으로 미루고 있었다. 그러나 결국은 해야 할 것도 알고 있었다. 그러나 빨리 순종하지 않는 나를 보고 주님은 내가 천국에 올라오자마자 자꾸만 이 장소로 데리고 가시는 것이었다.

이 장소에서는 흰 옷 입은 사람들이 불려나가 매를 맞고 들어와서 슬피 울며 이를 갈았다. 주님은 오늘도 내가 천국에 올라오자마자 이 장소로 데리고 가셨다.

그래서 나는 '아이구 주님, 알았습니다. 알았습니다. 보내드릴께요.' 라고 말씀드렸고 나는 혹시 내가 이 장소에 오게 될까보아 겁도 나고 하여 당분간은 주님이 보여주신다 하여도 이 장소에 오고 싶지 않았다. 그래서 주님께 나는 다시 위로 올라가고 싶다고 말씀을 드렸더니 어느새 나는 또 위로 올라와 있었다. 할렐루야. 주님은 영락없으시다. 나에게 조금이라도 죄가 발견되거나 잘못가고 있는 것이 보이면 이렇게 직접 나를 성밖으로 혹은 지옥으로 구경을 시켜 주신다. 꼭 그 죄에 대하여 말이다.

주님, 감사 감사하나이다. 이 땅위에 살 때에 주님 앞에 바르게 살게 하소서!

[마 24:45-51]
(45)충성되고 지혜 있는 종이 되어 주인에게 그 집 사람들을 맡아 때를 따라 양식을 나눠 줄 자가 누구뇨 (46)주인이 올 때에 그 종의 이렇게 하는 것을 보면 그 종이 복이 있으리로다 (47)내가 진실로 너희에게 이르노니 주인이 그 모든 소유를 저에게 맡기리라 (48)만일 그 악한 종이 마음에 생각하기를 주인이 더디 오리라 하여 (49)동무들을 때리며 술친구들로 더불어 먹고 마시게 되면 (50)생각지 않은 날 알지 못하는 시간에 그 종의 주인이 이르러 (51)엄히 때리고 외식 하는 자의 받는 율에 처하리니 거기서 슬피

울며 이를 갊이 있으리라

이 장소에 가고 싶지 않다.

내가 충성되고 지혜로운 청지기가 못되어....

할렐루야. 주님 깨우쳐 주시는 주님을 찬양합니다.

6

또 한 분의 최근에 돌아가신 대형교회의
유명한 목사님이 쇠창살 안에 계신 것을 보다.

(2014.1.28)

천국에 올라갔다.

우편에 늘 주님이 나를 맞아주신다.

그리고 마리아가 재빨리 와서 반겨준다. 주님은 나의 오른편에서
맞아주시고 마리아는 늘 나의 왼편으로 와서 반겨준다.

우리는 어느새 구름을 타고 날았다. 그러다가 마리아가 어디론가
가버렸다.

아니 우리를 떠났다.

그리고 주님과 나는 계속하여 구름을 타고 날았다.

그리고는 주님이 나를 얼마 전에 돌아가신 대형교회 OOO 목사님
이 천국(성안)에 있지 않고 쇠창살 안에 있는 것을 보여주셨던 그
장소 즉 정원 앞에 있는 벤치로 나를 데리고 가셨다.

주님과 나는 그곳에 앉았다.

나는 주님께 또 다른 유명한 목사님으로 최근 몇 년내에 돌아가신
다른 한 분에 대하여 질문하였다.

"주님 OOO 목사님은 어디 계세요?"

나는 이전에 물어보았던 그 유명한 목사님이 당연히 천국(성안)에
있을 줄 알고 물어보았으나 쇠창살 안에 있는 것을 보고 매우 상

심하여 다시는 유명한 목사님들에 대하여 안 물어보려 했었다. 그런데 시간이 흐르면서 다시 궁금하여졌다.

오늘 내가 물어보는 이 목사님도 돌아가신지 얼마 안 되었다. 그는 한국에서 참으로 유명한 목사님이셨다.

지금도 그 교회에서는 그분에 대한 추도예배를 성대하게 하는 것을 보았다. 성도 독특하여 이런 성이 한국에는 별로 몇 없는 성이다. 나는 다시 말했다.

'주님 OOO 목사님 좀 보여주세요.' 하였다.

그런데 그 목사님의 성함을 들으시자 벌써 주님의 눈이 벌겋게 변하셨다.

주님은 곧 울음이 터질 것 같으셨다.

매우 슬퍼하시는 것이었다.

그래서 나는 즉시 그 목사님이 이 천국(성안)에 없다는 사실을 알았다.

그래서 나는 주님께 '주님 왜 OOO 목사님이 여기 안 계시나요?' 라고 물었다.

주님은 말씀하셨다.

"그는 나의 개였다."

(성경에 나오는 개가 있다. 이사야 56장 9절부터 '짖지 못하는 개'에 대하여 나온다).

[사 56:9-12]
(9)들의 짐승들아 삼림 중의 짐승들아 다 와서 삼키라 (10)그 파숫군들은 소경이요 다 무지하며 벙어리 개라 능히 짖지 못하며 다

꿈꾸는 자요 누운 자요 잠자기를 좋아하는 자니 (11)이 개들은 탐욕이 심하여 족한 줄을 알지 못하는 자요 그들은 몰각한 목자들이라 다 자기 길로 돌이키며 어디 있는 자이든지 자기 이만 도모하며 (12)피차 이르기를 오라 내가 포도주를 가져오리라 우리가 독주를 잔뜩 먹자 내일도 오늘 같이 또 크게 넘치리라 하느니라

오 마이 갓! (Oh my God!) 나는 '주여!....' 하고 한탄이 나왔다. 그가 개였다니!.........
주님이 말씀하신다.
"우리 같이 가볼까?" 하고 내려갔는데
OOO 목사님이 쇠창살 안에 흰 옷을 입고 우리 쪽으로 보고 있지 않고 벽을 바라보고 뒤로 앉아 계신 것이 보였다.
나는 그 목사님을 보자마자 심장이 뛰어왔고 숨이 가빠졌다.
왜냐하면 그 유명한 목사님이 여기에 있을 줄은 꿈에도 생각하지 못했기 때문이다.
나는 그냥 마냥 슬퍼졌다. 그리고 나는 내려왔다.

그리고 나는 그 목사님이 천국(성안)에 있지 않고 쇠창살 안에 있다는 것이 도저히 믿기지가 않아서 다음과 같이 결론을 내렸다.

나는 내가 본 것을 다 믿지 않는다.
나는 다시 보아야 할 것이다.
나는 그 유명하였던 두 목사님 OOO 목사님과 OOO 목사님이 천국(성안) 에 없는 것을 보았다.

그들은 다 최근에 돌아가신 분들이다.

그러나 내가 본 것을 다 믿지 아니한다.

내가 천국에 갔을 때에 완전히 알게 될 것이다.

* 부연설명 : 여기서 내가 말하는 천국이란 하나님의 영광이 해같이 빛나
는 예루살렘 성안을 말한다.

생명나무 과일을 먹을 수 있고 생명수 강가에서 값없이 원없이 생
명수를 먹을 수 있는 곳을 말한다.

성경에서 말하는 성밖을 의미하지는 않는다.

[마 7:21-23]
(21)나더러 주여 주여 하는 자마다 천국에 다 들어갈 것이 아니
요 다만 하늘에 계신 내 아버지의 뜻대로 행하는 자라야 들어가
리라 (22)그 날에 많은 사람이 나더러 이르되 주여 주여 우리가
주의 이름으로 선지자 노릇하며 주의이름으로 귀신을 쫓아 내며
주의 이름으로 많은 권능을 행치 아니하였나이까 하리니 (23)그
때에 내가 저희에게 밝히 말하되 내가 너희를 도무지 알지 못하
니 불법을 행하는 자들아 내게서 떠나가라 하리라

7

어제 나는 유명한 한 목사님이 쇠창살 안에 있는 것을 보았는데 내가 그것을 본 것을 의심하니 주님은 다시 한 번 그 분이 천국에 없음을 다른 방법으로 확인시켜 주시다.

(2014.1.29)

[계 22:14-15]
(14)그 두루마기를 빠는 자들은 복이 있으니 이는 저희가 생명나무에 나아가며 문들을 통하여 성에 들어갈 권세를 얻으려 함이로다 (15)개들과 술객들과 행음자들과 살인자들과 우상 숭배자들과 및 거짓말을 좋아하며 지어내는 자마다 성밖에 있으리라

아침 기도시간에 천국에 올라갔다.
주님과 나는 위로 빨려 들어가듯이 빠르게 올라갔는데 주님과 내가 도착한 곳은 주님의 보좌가 있는 곳이었다.
보통 나는 주님의 보좌 앞에 가면 대개는 보좌 앞에 엎드려 있거나 아니면 주님 보좌 앞쪽에 왼편으로 천사들이 있는 곳에 내 의자가 놓여 있는데 거기 앉아 있곤 하였다.
그런데 오늘은 다른 날들과 다르게 내가 가자마자 주님의 보좌 왼쪽에 천사들이 있는 곳에 내가 앉아 있지 않고 서 있는 것이었다.
천사들이 서 있는 것처럼.....

나는 "왜 내가 서있지?" 하고 궁금해 하고 있었다.

천국에서는 이런 일들이 자주 일어난다. 즉 나의 의지가 아니라 주
님이 그렇게 나를 움직이시는 것 같다. 내 의지와는 상관없이 내
가 그렇게 서 있었다.
그리고 나는 내 마음에 주님의 보좌 반대편에 있는 주님의 보좌가
있는 쪽으로 들어오는 입구에서 누군가 들어올 것이라는 것을 알
고 있었지만 그런데 누군지 모르지만 그 들어오는 그 사람으로 인
하여 벌써 내 마음은 무척 설레이고 있었다.
도대체 누가 들어오길래 내가 이렇게 저 입구쪽을 바라보며 설레
이는 마음으로 기대하고 있는지 참으로 나도 모를 일이었다.
나는 그 입구쪽을 바라보고 있는데 살아생전의 내 육신의 아버지
가 젊었을 때의 얼굴로 환하게 웃으면서 그 입구로 들어오는 것이
었다. 할렐루야.
그리고 들어와서는 주님의 앞쪽 오른편에 가서 우리 쪽을 바라보
고 서셨다.
나는 무척 기분이 좋았다. '아~ 그래서 내 마음이 설레었구
나!' 알 수 있었다.
그 다음은 저 입구에서 또 한 사람이 들어오는데 그 분은 내가 아
는 이 OO 목사님의 사모님이었다. 그 사모님이 돌아가신 지는 약
4년이 되었다. 그 분이 들어와 우리 아버지 옆에 서시는 것이었다.
즉 이들은 내가 다 아는 사람들로서 벌써 이 세상을 떠나 이 세상
에 없는 자들이었다.

그러면 나는 갑자기 어제 쇠창살 안에 있는 것을 보았던 "OOO 목사님은요?" 하고 질문이 생기면서 내 마음으로 절실히 그 분의 이름을 불렀다. 왜냐하면 나는 그 목사님이 쇠창살 안에 있는 것을 부정하고 싶었다. 그래서 그분이 저 입구에서 들어오기를 너무나 절실히 바래서 그분의 이름을 불렀던 것이다. 그랬더니 그분은 들어오시지 않고 갑자기 그 천국 입구가 내 시야에 까맣게 보이는 것이었다. 그리고 그가 흑암 속에 있음이 보였다. 주여!

아~ 하고 나는 절규했다. 그는 천국에 없구나....

나는 또 외쳤다. 그러면 처음에 첫 번째 책에 썼던 그 유명한 다른 목사님, OOO 목사님은요? 하고 물었더니 그도 흑암 속에 있었다. 주여!

그 다음 나는 마음속으로 '임 OO 목사님!' 하고 불렀다.

이 분은 한국에서 최근에 석 달 전에 돌아가신 분으로 내가 저번에 주님께 보여 달라고 했었는데 그분은 천국(성안)에 있는 것을 보여 주셨던 것이다 (이분의 이야기는 천국지옥간증수기 첫 번째 책에 썼다).

그분의 이름을 내 마음속에서 부르자 그분이 저 입구에서 들어와 우리 아버지와 이 OO 목사님의 사모님이 계신 곳 옆에 와 서는 것이었다.

오 주여! 어찌 이런 일이! 나는 너무 놀랐다.

주님이 나에게 어제 살아생전 유명하였던 OOO 목사님에 대하여 궁금하여하던 일을 오늘 다른 방법으로 명확히 알게 하여주신 것이었다.

나는 어제 그 목사님을 보여달라 했더니 주님은 슬퍼하시면서 그가 쇠창살 안에 있는 것을 보여 주셨다.

그러나 나는 어제 본 것에 대하여 결론을 내리기를

나는 내가 보았어도 주님이 보여주셨어도 내가 본 것을 100퍼센트 믿지 않을 것이라고 결론을 내렸었다. 그런데 주님은 그것을 아시고 오늘 다시 한 번 그 분이 천국(성안)에 없음을 확인시켜 주신 것이다.

그것도 내가 전혀 생각지 아니한 방법으로 말이다.

할렐루야. 주님, 내가 의심하던 것을 다시 확인시켜 주심을 감사드립니다.

8

생명책에서 이름이 지워지는 경우와 흐려지는 경우가 있다.

(2014.1.30)

[계20:15]
누구든지 생명책에 기록되지 못한 자는 불못에 던지우더라

[계3:5]
이기는 자는 이와 같이 흰 옷을 입을 것이요 내가 그 이름을 생명 책에서 반드시 흐리지 아니하고 그 이름을 내 아버지 앞과 그 천 사들 앞에서 시인하리라

천국에 올라갔다. 주님은 내가 힘들어한 것을 아신다.
그래서 나에게 생명수를 먹이셨다. 나는 주님 옷자락에 파묻히면 서 벌써 두 세 방울 눈물을 터뜨렸다. 왜? 어제 그제 쇠창살 안에 계신 것을 보았던 제자훈련 열심히 했던 OOO 목사님 때문이다. 나의 슬픔은 처음에 죽고 나서도 지금도 유명한 OOO 목사님을 처음으로 쇠창살 안에 있는 것을 보았을 때의 (이것에 대한 간증 은 나의 천국과 지옥간증 수기 제 1권에 수록되어 있다.) 그 충격 만큼은 아니었으나 그러나 역시 나는 매우 슬펐다.

주님이 말씀하신다.

"내 애기야 내 애기야!" 나를 부르는 말씀이셨다.

"좀 더 강건하여지거라." 하고 말씀하시는 말없는 말이 내게 전달되었다.

즉 그런 것을 보더라도 이제는 담담하여지거라 하는 말씀과 같은 것이었다.

주님과 나는 길을 걸었다. 왼쪽에는 아름다운 절벽이었고 길 오른 쪽에는 노란 꽃들이 만발하여 피어 있는 길을 걸어 내려 갔다. 나는 내 어깨에 무겁게 짊어져 있는 모든 걱정과 염려를 벗어버리고 싶었다. 그것들로 인하여 내 어깨가 너무 무거운 것 같았다. 즉 그것들은 바로 한국에 전쟁이 일어나는 것에 대한 우려와 걱정 또 어제 그제 보았던 유명하였던 OOO 목사님이 쇠창살 안에 있는 사실 등이었다.

나는 그 모든 걱정과 염려를 벗어버리고 싶다고 생각하는 순간 주님과 나는 천국에서 날기 시작하였다. 구름을 타고 나는 것이 아니라 그냥 나는 것이었다. 나니까 너무 기분이 좋았다.

순간 모든 걱정과 염려가 사라졌다. 주님과 나는 계속 날았다.

어느새 주님과 나는 유리바다 청동색깔의 바다에 왔다.

바다 위로 빠르게 주님과 나는 계속 날았다.

얼마나 기분이 좋은지….

바다에 백상어가 위로 뛰어 오르면서 우리 밑에서 한참 놀았다.

그렇게 한참을 날다가 우리 앞에 와 대기하고 있는 납작한 널판처럼 생긴 구름에 주님과 나는 걸터 앉았다. 주여!

나는 요즘에 전쟁 때문에 마음이 무거웠었는데 지금은 한층 나았다.

나는 생명책에 이름이 지워지는 것과 흐려지는 것에 대하여 질문을 갖고 있었다.

"주님 생명책에 이름이 흐려지는 것이 있나요?"

(그런데 성경책에는 분명 이름이 흐려진다는 말이 있었다.)

[계3:5]
이기는 자는 이와 같이 흰 옷을 입을 것이요 내가 그 이름을 생명 책에서 반드시 흐리지 아니하고 그 이름을 내 아버지 앞과 그 천사들 앞에서 시인하리라

[출32: 30-33]
(30)이튿날 모세가 백성에게 이르되 너희가 큰 죄를 범하였도다 내가 이제 여호와께로 올라가노니 혹 너희의 죄를 속할까 하노라 하고 (31)여호와께로 다시 나아가 여짜오되 슬프도소이다 이 백성이 자기들을 위하여 금신을 만들었사오니 큰 죄를 범하였나이다 (32)그러나 합의하시면 이제 그들의 죄를 사하시옵소서 그렇지 않사오면 원컨대 주의 기록하신 책에서 내 이름을 지워 버려 주옵소서 (33)여호와께서 모세에게 이르시되 누구든지 내게 범죄하면 그는 내가 내 책에서 지워버리리라

그런데 생명책에서 이름이 기록되었다가도 지워지면 계시록 20장 5절에서 말씀하는 것처럼 영원한 불못에 던져진다.

[계20:15]
누구든지 생명책에 기록되지 못한 자는 불못에 던지우더라

그러나 이기는 자에 속하지 못하는 자는 계시록 3장 5절에서 말하는 것처럼 이름이 흐려질 것이라 말하고 있고 그 이름이 아버지 앞과 천사들 앞에서 시인되지 않을 것이라 말씀하시는 것이다. 이 이기지 못하는 자는 지옥에 가는 자 하고는 틀리다.

왜냐하면 열 처녀가 다 주님을 기다리고 있었는데 미련한 다섯 처녀가 나중에 와서 주님께 문을 열어 달라고 하였을 때에 주님은 그들을 모른다고 말씀하셨다.
즉 성밖에 쫓겨나는 경우에 주님은 나는 너희를 모른다고 말씀하신다는 것이다.
오직 그 이름이 아버지 앞과 거룩한 천사들 앞에서 시인되는 자들만이 하나님의 영광이 해같이 빛나는 성안으로 들어가는 것이다.

또한 마태복음 7장 21절에도 마찬가지이다.

[마 7:21-23]
(21)나더러 주여 주여 하는 자마다 천국에 다 들어갈 것이 아니요 다만 하늘에 계신 내 아버지의 뜻대로 행하는 자라야 들어가리라 (22)그 날에 많은 사람이 나더러 이르되 주여 주여 우리가 주의 이름으로 선지자 노릇하며 주의이름으로 귀신을 쫓아 내며

주의 이름으로 많은 권능을 행치 아니하였나이까 하리니 (23)그 때에 내가 저희에게 밝히 말하되 내가 너희를 도무지 알지 못하니 불법을 행하는 자들아 내게서 떠나가라 하리라

주님은 주여 주여 한다고 하여 다 천국(성안)에 들어갈 것이 아니라 다만 하늘에 계신 아버지의 뜻대로 하는 자라야 들어가리라고 말씀하신다.
그런데 예수 그리스도를 주라고 시인한 자들 중에 이렇게 사는 자가 얼마나 될까?

주님은 그런데 그 날에 많은 사람들이 와서 주여 주여 우리가 주의 이름으로 선지자 노릇하고 주의 이름으로 귀신을 쫓아내었고 주의 이름으로 많은 권능을 행하지 아니하였나이까 할 것이라는 것이다. 그러나 그 때에 주님은 내가 너희를 모른다고 할 것이라는 것이다.
이것은 열 처녀 비유에서 미련한 다섯 처녀에게 한 말과 동일하다. 즉 하나님의 뜻대로 살지 못하는 자들이 열 처녀중 미련한 다섯 처녀에 해당하는 즉 이기지 못하는 자들에 속하는 자들로서 계시록 3장 5절에서 말하는 즉 이름이 생명책에서 지워지지는 아니하나 흐려지는 경우라 볼 수 있는 것이다. 할렐루야.
그러므로 이들은 새 하늘과 새 땅의 새 예루살렘 성밖으로 쫓겨나는 것이다.

[마 7:24-27]

(24)그러므로 누구든지 나의 이 말을 듣고 행하는 자는 그 집을 반석 위에 지은 지혜로운 사람 같으리니 (25)비가 내리고 창수가 나고 바람이 불어 그 집에 부딪히되 무너지지 아니하나니 이는 주초를 반석 위에 놓은 연고요 (26)나의 이 말을 듣고 행치 아니하는 자는 그 집을 모래 위에 지은 어리석은 사람 같으리니 (27)비가 내리고 창수가 나고 바람이 불어 그 집에 부딪히매 무너져 그 무너짐이 심하니라

즉 이기는 자는 반석 위에 집을 세우는 지혜로운 자이나 이기지 못하는 자는 모래 위에 집을 세우는 어리석은 자와 같은 것이다. 주여!

그러므로 이 이기지 못하는 자들은 생명책에 이름이 완전히 지워져서 그 이름이 없는 자들 즉 지옥에 가는 자들과는 다른 것이다.

[계20:15]
누구든지 생명책에 기록되지 못한 자는 불못에 던지우더라

모래 위에 집을 짓는 어리석은 자들은 지옥이 아니라 예수를 구세주로 믿었어도 삶에서 하나님의 뜻대로 살아내지 못하여 성밖에 쫓겨나는 자들인 것이다.

⑨
롯과 롯의 아내를 보다.

(2014.8.6)

천국에 올라갔다.

주님과 나는 아브라함의 집으로 갔다.

거기에는 사라와 아브라함 그리고 이삭이 와 있었다.

주님과 우리 모두는 아브라함의 리빙룸에 있는 큰 원탁 테이블에 앉았다.

나는 거기서 롯과 롯의 아내에 대한 질문을 가졌다.

"주님, 롯을 보여주세요?"

그러자 내 눈에 롯이 보였다.

그는 자신이 앉아 있는 상태에서 온몸에 7-8cm정도의 두께의 녹청색 뱀이 그의 몸을 칭칭 감고 있었다.

이런 상태에서 롯이 말을 한다.

"내가 돈을 좋아하다가 이렇게 되었어요."

그리고 말한다. "돈에 미련을 가지면 안 돼요. 돈에 미련을 갖지 마세요." 라고 했다.

나는 하나님이 소돔을 불과 유황으로 치려 할 때에 아브라함이 롯을 위하여 기도하였을 때에 하나님께서 아브라함의 중보 기도를 들으시고 롯을 소돔에서 구하여 내신 것이 기억이 났다.

아브라함의 중보기도 :

[창 18:31-33]
(31)아브라함이 또 가로되 내가 감히 내 주께 고하나이다 거기서 이십인을 찾으시면 어찌 하시려나이까 가라사대 내가 이십인을 인하여 멸하지 아니하리라 (32)아브라함이 또 가로되 주는 노하지 마옵소서 내가 이번만 더 말씀하리이다 거기서 십인을 찾으시면 어찌 하시려나이까 가라사대 내가 십인을 인하여도 멸하지 아니하리라 (33)여호와께서 아브라함과 말씀을 마치시고 즉시 가시니 아브라함도 자기 곳으로 돌아갔더라

[창 19:27-29]
(27)아브라함이 그 아침에 일찌기 일어나 여호와의 앞에 섰던 곳에 이르러 (28)소돔과 고모라와 그 온 들을 향하여 눈을 들어 연기가 옹기점 연기 같이 치밀음을 보았더라 (29)하나님이 들의 성들을 멸하실 때 곧 롯의 거하는 성을 엎으실 때에 아브라함을 생각하사 롯을 그 엎으시는 중에서 내어 보내셨더라

그리고 베드로는 이 롯에 대하여 이렇게 말하고 있다.
  '의인 롯이 소돔에서 매일 심령을 상하니라' 라고 했다.

[벧후 2:7-8]

(7)무법한 자의 음란한 행실을 인하여 고통하는 의로운 롯을 건지셨으니 (8)(이 의인이 저희 중에 거하여 날마다 저 불법한 행실을 보고 들음으로 그 의로운 심령을 상하니라)

즉 아브라함도 베드로도 롯을 의인이라고 불렀다. 그런데 이 때의 의인이라고 하는 것은 롯도 하나님을 알았으므로 다른 이방인에 비하여 의인이라고 하는 상대적인 의미인 것이다.
그가 정말 그의 행위가 의인이라서가 아니라....

그런데 난 롯이 앉아 있는 상태로 뱀에게 감겨져 있는 것을 볼 때에 나는 믿을 수가 없었다. 아니 롯이 저러한 모습으로 있다니....
그리고 롯의 아내는 아예 불속에서 고통당하고 있는 것이 보였다. 주여!
도망하는 그녀를 큰 뱀이 쫓아가서 그녀를 감아서 다시 불속에 던져 넣고 있는 모습이 보인 것이다.

나는 마음이 무척 아팠다. 내 마음이 아픈 것은 롯의 아내보다 롯 때문이었다.

나는 아브라함 보고 물었다.
"아브라함, 이 사람이 롯이 맞아요?"
아브라함은 대답대신 고개를 끄덕였다. 맞다고.
생각하여보면 사실 롯이 잘한 것이 별로 없었다.
그는 아브라함의 하나님보다 돈이 좋아서 아브라함을 떠났다.

또 소돔과 고모라가 타락한 것 알면서 그곳을 떠나지 않았고 떠나지 않은 이유는 그곳에 자신의 재산이 다 그 곳에 있었기 때문이다.

그리고 그는 그곳에서 다른 사람들에게 회개하라 하면서 하나님을 전한 것도 아니었다.

또 그의 잘못은 그는 나중에 살아남아서 두 딸과 근친상간하여 모압과 암몬의 조상이 되는 아들들을 낳았다.

알고 보면 롯은 정말 잘한 것이 아무 것도 없었다.

단지 이방신을 섬기는 갈대아 우르에서 하나님을 섬기는 아브라함을 따라 나섰다는 것 외에는 말이다.

그런데 나는 아직 모르겠다.

롯이 뱀에 칭칭 감겨서 앉아 있는 그곳이 소위 성밖인지?

아니면 지옥인지 잘 모르겠다.

그러나 나는 아직 롯이 있는 곳이 어디인가에 대하여 결론을 짓는 것이 이르다고 생각했다. 더 확인이 필요했다.

그러나 롯의 아내는 분명히 지옥에 있었다.

⑩
롯이 하나님의 영광이 해같이 빛나는 천국 안에 없다.

(2014.8.7)

천국에 올라가는데 수레가 더 넓어지고 더 아름다워졌다.
아예 수레 안에 내 옆자리에 아이의 눕는 자리가 마련되어 있었다.
건너편에는 보모가 앉아 있었다.
수레가 천국 안에 도착하자 아이와 보모는 내려서 가고
나는 주님과 함께 정원으로 갔다.
정원의 벤치에 앉은 것이다.
주님은 아신다. 내가 질문이 있는 것을………
나는 주님께 물었다.
"주님, 롯을 보여주세요?"
주님의 얼굴이 화가 난 듯한 얼굴로 보였다.
즉 롯이 천국에 없는 것이 확실하다.
그러면서 내 눈에 롯이 녹청색의 구렁이가 몸을 칭칭 감은채로 앉
아 있는 것이 보였다. 주여!

나는 롯의 아내를 또 보여 달라 했다.
주님은 더 화난 얼굴이다.
그녀가 벌거벗고 불로 고통당하면서 도망치다가 큰 구렁이가 그

녀를 휙 감아서 다시 불로 던지는 것이 보였다.

아아~, 이들은 소위 우리가 말하는 천국에 없다. 즉 하나님의 영광이 해같이 빛나는 성안에는 없는 것이다.

나는 주님과 걷기를 원했다.

이미 나의 영은 롯 때문에 울고 있었다.

주님과 나는 일어나 걸어서 유리 바닷가에 있는 벤치에 도달하였다.

거기에 사라가 왔다.

조금 있다가 아브라함과 이삭이 왔다.

그리고 우리 모두 같이 아브라함의 집으로 이동했다.

우리 모두는 원탁 테이블에 앉았다. 그리고 나는 주님께 질문했다.

롯의 아내가 소돔에서 나올 때에 뒤를 돌아보지 말라했는데 뒤를 돌아보다가 순식간에 소금기둥이 되었는데 나는 이것에 대하여 '주님, 왜 그러셨어요?' 라고 물었다.

이 말은 왜 주님이 그녀를 순식간에 소금기둥으로 만드셨는지에 대한 질문이었다.

이것에 대하여 주님은 그냥 내게 알게 하여 주셨다.

그것은 롯의 아내에게 주님의 진노가 급격하게 부어져서 그렇다는 것이다.

그래서 그 자리에서 바로 영혼을 데려가셨다는 것이다. 주여!

이러한 하나님의 진노는 밭을 판 돈을 가져와서 그 판 돈의 1/2은 숨기고 나머지 1/2을 가져와서 베드로에게 '이것이 판돈 모두 다' 라고 거짓말을 같이 한 아나니아와 삽비라에게 부어졌던 하나님의 진노와 비슷하다는 것을 알게 하여 주셨다.

[행 5:1-11]
(1)아나니아라 하는 사람이 그 아내 삽비라로 더불어 소유를 팔아 (2)그 값에서 얼마를 감추매 그 아내도 알더라 얼마를 가져다가 사도들의 발 앞에 두니 (3)베드로가 가로되 아나니아야 어찌하여 사단이 네 마음에 가득하여 네가 성령을 속이고 땅값 얼마를 감추었느냐 (4)땅이 그대로 있을 때에는 네 땅이 아니며 판 후에도 네 임의로 할 수가 없더냐 어찌하여 이 일을 네 마음에 두었느냐 사람에게 거짓말 한 것이 아니요 하나님께로다 (5)아나니아가 이 말을 듣고 엎드러져 혼이 떠나니 이 일을 듣는 사람이 다 크게 두려워하더라 (6)젊은 사람들이 일어나 시신을 싸서 메고 나가 사하니라 (7)세 시간쯤 지나 그 아내가 그 생긴 일을 알지 못하고 들어오니 (8)베드로가 가로되 그 땅 판 값이 이것 뿐이냐 내게 말하라 하니 가로되 예 이뿐이로라 (9)베드로가 가로되 너희가 어찌 함께 꾀하여 주의 영을 시험하려 하느냐 보라 네 남편을 장사하고 오는 사람들의 발이 문 앞에 이르렀으니 또 너를 메어 내가리라 한대 (10)곧 베드로의 발 앞에 엎드러져 혼이 떠나는지라 젊은 사람들이 들어와 죽은 것을 보고 메어다가 그 남편 곁에 장사하니 (11)온 교회와 이 일을 듣는 사람들이 다 크게 두려워하니라

즉 그들에 대한 하나님의 진노가 급격하여 그 자리에서 영혼을 데려가시는 경우였다. 주여!

그리고 왜 롯이 소위 천국 (성안) 에 못 들어왔는가를 알게 하시는데 그는 딸들과 실수로 잠을 잔 이후도 성경은 그 이후의 그들의 삶에 대한 기록이 없다.

다만 그의 자손들이 모압과 암몬의 자손들이 되었다는 것만 기록하고 있다.

어찌하여 친 아버지와 딸들 사이에서 이런 일이 일어날 수 있었는가 하는 것은 그들이 오랫동안 성적으로 문란한 소돔에 있었던 것이 영향력이 컸을 것이다.

그래서 그 딸들이 아버지에게 하지 말아야 할 짓을 했고 그 이후에는 어떻게 되었다는 기록이 전혀 없는 것으로 보아 롯이 계속 타락했을 가능성도 있다.

어찌하였든 나는 롯이 천국(성안)에 없는 것을 보았다.

그러나 아직도 나는 그가 앉아 있는 장소가 성밖인지 지옥인지는 잘 모르겠다.

이것이 앞으로 나에게 더 자세하게 알려져야 할 것이다.

⑪
롯이 성밖에서 슬피 울고 있는 것을 알게 하시다.

(2014.8.12)

천국에 올라갔다.

세 마리 말이 끄는 수레가 왔고 수레가 좀 넓어졌다.

이전에는 두 마리 말이 끄는 수레를 탔었는데 이제는 세 마리가 끄는 마차를 타게 되었다.

바깥에서 나를 수호하는 천사가 이렇게 말한다.

"주인님, 주님이 기다리고 계십니다."

수레 안에는 내 아기가 있었고 그리고 그 아기를 돌보는 보모가 앉아 있었다.

나는 내 아이를 보고 매우 기뻐서 내 얼굴에 함박꽃이 피었다. 나는 내 아기를 안았다. 아이도 나를 보고 활짝 웃는다.

우리는 모두 황금대문을 거쳐서 황금대로 옆에 수레가 도착하였다. 아기와 보모는 내려서 갔고 나도 마차에서 내렸다.

주님이 저 멀리 떨어져서가 아니라 아예 수레 바로 바깥에서 나를 기다리고 계셨다.

나는 주님을 보자 함박 웃었다.

그러나 곧 눈물로 그분의 옷에 파묻혔다. 주님을 만나면 그렇다. 금방 그렇게 좋다가도 또 너무 좋아서 눈물이 난다. 웃다가 울다. 이것은 어떻게 표현할 방법이 없다.

주님은 나를 데리고 모세가 있는 궁으로 가셨다.

우리는 궁의 넓은 광장 (이것이 성막구조의 뜰을 연상케 하는 곳이다) 을 거쳐서 중간에 기둥이 많은 곳 (이곳은 성막구조의 성소를 연상케 하였다) 을 거쳐서 유리문 (이곳은 성막구조의 지성소를 연상케 하였다) 이 있는 곳으로 갔다.

그 유리문이 열리고 그 안에 다시 유리방이 있는데 그 유리방 안에는 유리박스가 있었다. 그리고 그 유리박스 안에는 모세의 십계명이 적힌 황금 두 돌판이 들어 있었다. 할렐루야!

주님과 나는 그 안쪽 즉 성막구조의 지성소라고 할 수 있는 십계명을 적은 황금 두 돌판이 있는 곳을 구경하고서는 나는 주님께 말했다.

'주님, 저번에 광장안쪽 (성소부위) 오른편에 갔었던 방안이 온통 하얗게 보이던 그 거룩한 방에 가고 싶어요?' 라고 말했다.

그랬더니 주님과 나는 곧 그 방으로 들어섰다.

거기에 모세도 왔다.

그 방안에 있는 원탁 테이블에 주님과 모세 그리고 내가 앉았다.

거기서 나는 롯에 대하여 물었다.

롯이 어디 있는 것이냐고?

모세가 마음으로 알게 한다.

'천국(성안)에 없다.' 한다.

나는 지난번에 롯이 녹청색의 구렁이에 의하여 상체가 앉아 있는
상태에서 칭칭 감겨져 있는 것을 보았다.

주님이 말씀하신다.

"롯이 울고 있다."

"슬피 울고 있다."

나는 롯이 있는 곳이 천국의 성밖, 즉 이기지 못하는 자들이 가는
장소에 있는지 아니면 그가 있는 곳이 지옥인지 궁금해 하였다.

그리하였더니 주님은 롯이 이기지 못하는 자의 반열에 속하여 성
밖에 있음을 알게 하여 주셨다.

그는 하나님을 아는 마음은 있었으나 믿음의 행동이 없었다는 것
이다.

그는 원하기만 했으면 소돔에서도 나올 수도 있었는데 돈에 미련
이 있어서 거기 계속 있었고 거기 있으면서 사람들에게 회개하라
고 전도하지도 않았고 아브라함의 중보기도로 소돔에서 살아 나

왔으나 살아 나와서도 딸들과 상관하여 훗날 이스라엘을 대적하는 모압과 암몬의 자손들을 낳았던 것이다.

그는 하나님을 아는 자였으나 그러나 하나님이 보시기에 그 삶은 실패한 자였다.

즉 그는 돈 때문에 이기지 못하는 삶을 살았다. 그러므로 그는 지옥에 있지 않으나 바깥 어두운 데에서 슬피 울며 이를 갈고 있는 것이었다.

오 마이 갓! 그런데 내가 알게 된 새로운 사실은 이기지 못하는 자들이 가는 장소 그 성밖에는 몸을 칭칭 감는 구렁이도 있다는 것이었다. 주여!

그리고 이 장소에서의 녹청색의 구렁이는 사람을 물거나 하지는 않는데 그들을 칭칭 감고 있음으로 말미암아 그들의 자유를 구속하고 때로는 몸을 조았다가 풀었다가 하는 것으로 보였다.

그들에게는 그것이 벌이었다. 오~ 주여!

⑫ 이기지 못하는 자들이 가는 곳, 곧 성밖에서는 매도 맞고 슬피 울며 이를 간다.

(2014.8.18)

천국에 올라가면 주님은 '내 딸아!' 하고 부르신다.
그리고 나에게 주님은 '웃으라. 감사하라.' 라고 말씀하신다.
요즘에 마음이 아픈 일들이 있었다.
거기에 대하여 주님은 '크게 웃고 감사하라.' 고 말씀하신다.
할렐루야. 정말 그래야겠다.

그리고 주님과 나는 벤치에 앉아서 이야기하다가
구름을 탔다. 구름 위에 벤치가 놓여 있었다.
주님과 나는 그 구름 위 벤치에 앉아 있는데 구름은 주님과 나를
전에 카탈리나 섬처럼 생긴 아름다운 섬으로 인도했다.
주님과 나는 구름 위에서 그 섬을 바라보는 것을 즐겼다.

그리고 그 구름은 우리를 이제 요한의 집 앞에 있는 피크닉 테이
블에 우리를 내려놓았다.
거기에는 벌써 모세가 와서 앉아 있었고 건너편에 요한이 앉아 있
었다. 요한은 벌써 성경책을 펴고 있었다.
주님이 저편에 모세의 왼편에 앉으시고 이쪽에는 내가 요한의 왼

편에 앉았다.

이렇게 네 명이 분명 앉아 있었는데 요한이 주님께 말했다.

'주님, 사라가 이기지 못하는 자들이 가는 곳에 가고 싶어 해요.' 라고 말이다. (요한은 내 마음을 다 파악하고 있었다)

그러자 네 명이 즉 모세, 주님 그리고 요한과 내가 즉시 갑자기 큰 광장 같은 넓은 곳에 와서 서 있었다.

그곳에는 많은 사람들이 흰 옷 같은 것을 입고 쭉 앉아 있었는데 모두가 두 손이 뒤로 묶여 있었다. 이것은 아마도 여기서 온전한 자유가 없고 그 자유가 누군가에 의하여 컨트롤을 받고 있다는 것을 의미하고 있는 것 같았다.

그러는 중에 한 명씩 끌려 나가서 매를 맞았다. 그들 앞에는 긴 테이블이 있었는데 그 위에는 책이 펼쳐져 있었고 거기에는 어떤 사람이 얼마만큼의 매를 맞아야 하는가가 적혀져 있었다.

그러면 그 테이블에 앉아있는 천사가 매를 때리는 천사에게 불려나온 자가 몇 대를 맞아야 한다고 하면 그를 책에 적힌 대로 매를 때려서 제자리로 돌려보내는 것이다. 그러면 그 사람은 매를 맞고 들어가서 앉아서 엉엉 운다. 그러다가 이 모든 것이 서러운지 더 크게 우는 것이 보였다.

거기에 앉아 있는 모든 사람들이 그렇게 앞으로 하나씩 끌려 나와서 매를 맞고 들어가 운다. 여기에 있는 모든 천사들은 갑옷을 입고 있다. 이 갑옷은 꼭 조선시대에 포졸들이 입는 옷과 비슷하였다.

이들은 대개 날개가 없는 천사들이다. 그리고 이곳은 이기지 못하는 자들이 오는 성밖이었다.

우리는 이것을 보고나서 다시 요한의 집 앞에 갈림길에 있는 테이블로 돌아와 앉았다.

그리고 그 다음에는 내가 묻는 것이었다.
  '주님, 저번에 누구누구 목사님이 쇠창살 안에 있는 것을 보았는데 이들이 있는 곳이 이 성밖이에요? 아니면 지옥이에요?' 라고 물었다.
그랬더니 모세가 주님께 눈짓으로 묻는다.
가르쳐 주어도 되냐고?
아니 정확히 모세는 주님께 '어떻게 할까요? 가르쳐 줄까요? 아니면 입을 다물까요?' 이렇게 마음으로 묻고 있었다.
그때에 모세가 그렇게 하는 것을 보고 요한이 우습다는 듯이 살짝 미소를 지었다.

주님은 '가르쳐 줘라.' 하신다.
그러자 모세가 알게 하여 주는데 그 쇠창살 방들은 옆으로 안쪽으로 쭉 연결되어 있는 것이 보였다. 그리고 그 쇠창살 안의 각방에는 주의 종들이 들어 있었는데 그들은 평생 주의 일을 한다면서 하나님의 영광을 훔친 자들이었다.
이 주의 종들이 들어있는 쇠창살이 있는 감옥은 어느 황량하게 보이는 골짜기에 쭉 늘어서 있었다.

그리고 여기가 지옥이 아니라 성밖이라고 모세가 내게 알게 하여 주었다. 이것이 내가 질문한 것에 대한 모세의 대답이었다.

오 주여!

주의 종들이 하나님의 영광을 가로채면 다 여기에 오는 것이다.

[사 42:8]

나는 여호와니 이는 내 이름이라 나는 내 영광을 다른 자에게, 내 찬송을 우상에게 주지 아니하리라

⑬

이기지 못한 삶을 산 주의 종들이 가는 성밖과 완전 타락한 주의 종들이 가는 지옥은 다른 곳이다.

(2014.8.19)

천국에 올라갔다.

나를 데리러 오는 수레의 말이 세 마리이고 그리고 나를 바깥에서 수호하는 천사가 말한다. "주인님 어서 오세요."

나는 수레를 타고 천국에 도착하였다.

주님은 나를 보시자마자 나를 업으시겠다 하셨다.

그리고 나는 부끄럼 없이 주님의 등에 업혔다. 왜 그런지 모른다.

주님에게는 내가 꼭 어린아이와 같다.

그리고 나서 주님과 나는 어느새 유리바다 위에 있었고 또한 주님과 나는 안이 동그랗게 생긴 배에 앉아 있었다.

그 동그랗게 생긴 배 안에는 걸터앉는 곳이 있었고 그 배는 아주 넓은 편이었다.

주님이 저편에 내가 이편에 마주보고 있었다. 그러다가 주님이 내 쪽으로 오셔서 내 옆으로 앉으셨다. 그리고 주님이 나를 위로하시기를 원했다.

왜냐하면 내가 어떤 분들 때문에 힘들어 하는 것을 알고 계셨기 때문이다.

주님은 여기에 대하여 사실은 어제 그 사람들이 나를 힘들게 하면 그것에 대하여 그냥 크게 웃고 감사하라는 말씀을 주셨다. 그래서 나는 이 순간에도 그 말씀이 생각나서 그렇게 하기로 했다.

주님은 말씀하신다. 그럴 때에 사단이 물러간다는 것이었다.

그리고 지금 있는 그 모든 일이 참으로 나중에는 모든 것이 합력하여 선을 이루실 것을 알게 하셨다. 그래서 나는 현재 어려운 상황에서도 무조건 감사하기로 했다.

그래도 주님은 내가 힘들어 한 줄 아시고 흰 날개달린 천사들을 부르셔서 나에게 생명수를 가져와서 나를 먹이게 하셨다. 그리고 그 다음에는 다른 천사가 주님과 내게 포도쥬스 같은 것을 가지고 와서 마시게 하였다.

주님과 내가 탄 배는 푸른 유리바다 위에서 카탈리나섬 같이 아름다운 섬 옆으로 지나갔다.

하늘에는 아름다운 흰 구름이 몇 개 떠 있었다.

할렐루야. 풍경이 너무나 아름다웠다.

주님과 나는 이쪽과 저쪽에서 서로 발이 마주보게 하여 그 둥그런 배 안에서 누웠다. 그리고 하늘을 쳐다보았다.

하하! 너무 좋다.

그렇게 누워 있으니 모든 걱정이 사라지고 평강이 물밀듯이 밀려왔다.

주님이 인간관계 속에서 힘들어하는 나를 이렇게 위로하시고 마음에 평강을 주시기를 원하셨던 것이다. 할렐루야.

그러고 나서 주님과 나는 흰 구름을 타고 사도 요한의 집 앞에 갈림길에 놓여 있는 테이블로 이동하였다.

거기는 벌써 모세와 요한이 있었는데 그들도 쥬스를 마시고 있었다.

주님이 저편에 모세 곁에 앉으셨고 나는 이편에 요한의 옆에 앉았다.

요한은 성경책을 펴고 있었다. 나도 폈다.

나는 어제와 마찬가지로 대형교회 목사님 두 분이 ○○○ 목사님과 ○○○ 목사님이 쇠창살 안에 있는 것을 보았는데 그곳이 어디냐? 고 물었다. 나는 어제 들었지만 한 번 더 나는 확인하고 싶었다. 그래서 또 물었다.

그랬더니 모세가 또 주님을 쳐다본다.

그러고 나서 정말 순식간에 그 피크닉 테이블에서 주님과 모세, 요한 그리고 나는 즉시 ○○○ 목사님이 들어있는 쇠창살 앞으로 이동되었다. 천국에는 이러한 공간이동이 즉시 가능하다.

그 목사님이 주님께 말했다.

"주님, 저를 용서하여 주세요. 나를 이곳에서 꺼내어 주세요."

주님이 말씀하셨다.

"너는 벌써 심판을 받았느니라."

즉 심판이 끝이 났다는 것이다.

주님이 계속하여 말씀하신다.

"내가 너에게 마음에 경고로 네가 높아질 때에 양심에 가책을 주어서 네가 높아지면 안 된다 하였는데 너는 그 내 음성을 무시하였느니라. 그리고 너는 계속 높아졌느니라."

그리하실 때에 이전에 내가 주님 보고 왜 이 목사님이 쇠창살 안에 있냐고 물었을 때에 주님이 나보고 '그는 내 영광을 훔쳤느니라.' 하신 것이 생각났다.

그리고 이 목사님이 들어 있는 바로 옆 쇠창살 안에는 내가 이름을 들어본 목사님이신데 이 분도 한국에서 유명한 분이셨는데 이 분이 바로 옆에 들어 계신 것이 알아졌다.

그러나 이 시점에서 나는 말하지 않는다. 여러 번 확인이 필요하다.

그리고 골짜기가 시작하는 제일 첫 쇠창살 감옥에는 OOO 목사님이 들어있고 그 다음 쇠창살 감옥방이 여러개 지나서 저 골짜기 안쪽으로 내가 두 번째로 쇠창살 안에 계신 것을 본 OOO 목사님이 계셨다. 우리 모두는 그쪽으로 이동하였다.

그런데 그 목사님은 우리 쪽을 바라보고 있는 것이 아니라 등을 우리 쪽으로 한 채 앉아 계셨다. 우리를 쳐다보지도 않았다.

그리고 우리는 어느새 다시 요한의 집 앞에 놓인 피크닉 테이블에 왔다.

주님과 모세, 요한 그리고 내가 요한의 집 앞에 피크닉테이블에 앉아 있다가 즉시 쇠창살 있는 곳에 다녀온 것이었다.

나는 다시 주님께 물었다. 왜냐하면 나는 한번 주님께 물어서 대답 받은 것을 확신하지 않는다. 여러 번 물어보아서 같은 대답을 들을 때에 나는 확신한다.

주님, 다른 어떤 사람들은 대형교회 목사님들이 지옥에 있다는데 저에게 보여주신 것은 그들이 흰 옷을 입고 쇠창살 안에 들어있는 것만 보여주셨는데 '거기가 어디에요? 거기가 성밖이에요? 아니면 지옥이에요?' 나는 다시 물었다.

내가 끈질기게 이러한 동일한 질문을 계속 이렇게 여러 번 묻자 주님께서는 나에게 성경구절 하나를 생각나게 하여 주셨다.
이것이 나에게 그들이 있는 곳은 정말 성밖이고 이 성밖은 새 하늘과 새 땅에 있는 새 예루살렘 성의 밖이라는 것을 확신시켜 주는 구절이었다. 이 성밖은 지옥이 아니다.

즉 주님이 생각나게 하여 주신 구절은 '개들과 술객들과 행음자들과 살인자들과 거짓말을 좋아하며 지어내는 자마다 성밖에 있으리라' 라고 하는 구절이다.

[계 22:15]
개들과 술객들과 행음자들과 살인자들과 우상 숭배자들과 및 거짓말을 좋아하며 지어내는 자마다 성밖에 있으리라

그러자 나는 이전에 주님이 나에게 두 번째로 쇠창살 안에 있는 것을 보여주신 OOO 목사님에 대하여서는 '그는 내 개였다.' 라고 하신 말씀이 생각났다. 그러면서 나는
'아하, 그들은 성밖에 있구나!' 가 확실히 이해가 되어진 것이다.

주여!

그러므로 나는 더 이상 그들이 있는 곳이 성밖인지 지옥인지에 대하여 질문하지 않기로 했다. 왜냐하면 그들은 성밖에 있는 것이 확실하여졌기 때문이다.

그러면 이곳은 지옥이 아니라 새 하늘과 새 땅이지만 하나님의 영광이 해같이 빛나는 새 예루살렘 성안이 아니라 그 성 바깥 어두운 곳이다.

여기에 오는 주의 종들은 평상시 주의 일을 열심히 하였지만 그러나 삶에서 이기지 못하는 삶을 살았다. 그리고 이것에 대하여 철저히 회개가 없었다. 회개만 철저히 하였어도 그들은 성안의 생명나무에 나아갈 권세와 성안으로 들어갈 권세를 얻었을 것이다.

[계 22:14]

그 두루마기를 빠는 자들은 복이 있으니 이는 저희가 생명 나무에 나아가며 문들을 통하여 성에 들어갈 권세를 얻으려 함이로다

그러므로 아무리 주의 일을 열심히 하면 무슨 상관이 있는가? 주의 영광을 가로채면 성밖에 오는 것이다.

오호 통재라!

나는 이전에 목사님들이 가는 지옥을 보았다.

거기에는 어떤 목사님들이 오는지 그 지옥의 마귀 부하가 내게 말하여주었었다.

즉 어떤 목사님들이 지옥에 오느냐면

1. 교회를 팔아먹은 자
2. 죽을 때까지 여자문제가 있는 자
3. 교회의 돈을 자기 마음대로 갖다 쓴 자
4. 이중인격자로 교회서 버젓이 설교는 잘하는데 집에 가서 아내를 폭행한 자들이다.

그런데 내가 본 쇠창살 안에 들어 있는 이 두 목사님들은 이 죄에는 해당하지 아니하였던 것이다.

이 네 가지 죄 중의 하나라도 지은 자는 히브리서 6장 4절부터 6절에서 말씀하시는 것처럼 그들은 한번 비췸을 받고 타락한 자들인 것이다. 그러나 그 쇠창살 안에 있는 그 두 분은 여기에는 속하지 않는 것이 알아졌다.

그러므로 그들은 지옥에 있는 것이 아니라 이기지 못하는 자들이 가는 곳, 즉 성밖에 있는 것이다.

[히 6:4-6]
(4)한번 비췸을 얻고 하늘의 은사를 맛보고 성령에 참예한 바 되고 (5)하나님의 선한 말씀과 내세의 능력을 맛보고 (6)타락한 자들은 다시 새롭게 하여 회개케 할 수 없나니 이는 자기가 하나님의 아들을 다시 십자가에 못박아 현저히 욕을 보임이라

14

성밖의 쇠창살 안에 있는 자들을 지키는 천사들은 갑옷을 입고 있다.

(2014.8.28)

기록하지 아니하는 것보다 기록하는 것이 나을 것 같아서 기록하여 둔다.

천국에 올라갔다.
주님이 나를 맞아주시고 갑자기 내 눈에 갑옷 입은 자들이 많이 보인다. 이들의 갑옷 입은 모습은 보통 내가 지옥으로 내려갈 때에 무장한 천사들이 입은 것과는 좀 다르다.
지옥으로 내려갈 때 나를 인도하는 천사들은 대개 마귀 부하들과 싸울 태세가 되어 있는 아주 날렵하고 단단한 무장을 하고 있다고 생각하면 지금 내가 보고 있는 천사들은 그냥 보통 조선시대의 포졸들과 같은 갑옷으로 무장하고 있어 보기만 해도 조금 느슨한 기분이 들었다.

그러므로 나는 이들이 갑옷으로 무장한 이유가 씨우기 위하여 입은 것이 아니라 오히려 누군가를 다스리기 위하여 입고 있다는 사실을 알았다.
그런데 '이들은 누구일까?' 아니 도대체 '무엇을 하는 자들인지' 하고 궁금하여 하였다.

그런 후에 내 시야에는 갑자기 어떤 흰 옷을 입은 한 사람이 보였다. 머리는 뒤로 한 가닥으로 묶고 있었고 콧수염도 있고 턱수염도 조금 있는 젊은이가 쇠창살 안으로 들여보내어지고 있었고 그리고 아까 내가 보았던 그 갑옷 입은 군사들이 이 곳을 관리하고 있는 것이 보였다.

오호라, 아까 내가 본 그 갑옷 입은 천사들은 바로 이곳을 다스리는 천사들이구나 알아졌다.

이 갑옷 입은 천사들은 그들 앞에 테이블을 놓고 그 테이블 위에 책이 펼쳐져 있는데 그 책에 쓰인 대로 그 젊은이들을 하나씩 불러내어 매를 때렸다. 그런 후에 이 천사들은 그들을 다시 쇠창살 안에 가두는데 이들은 매를 맞고 돌아와서는 쇠창살 안에서 슬피 울며 이빨을 가는 것을 알게 되었다. 주여!

즉 내가 천국에 올라오자마자 본 무장한 군사들, 즉 이 천사들은 성밖에 있는 자들을 다스리고 지키는 그리고 책에 적힌 대로 매를 때리는 천사들이라는 사실을 알 수 있었다.

이 성밖과 지옥이 다른 점은 성밖에는 이러한 천사들이 다스리고 있었지만 지옥에는 마귀의 부하들이 다스리고 있었다는 점이 다른 것이다. 할렐루야.

이기지 못하는 삶을 산 자들은 생명책에 이름이 흐려져서 성밖으로 쫓겨난다.

(2014.8.30)

나는 기도한 후에 천국에 올라갔다.

주님이 나를 바로 요한의 집 앞에 Y자 모양으로 길이 갈라지는 곳에 놓인 피크닉 테이블로 인도하셨다.

모세와 요한이 있고 주님과 나는 제 자리를 찾아 앉았다.

주님이 말씀하신다.

'내가 너와 함께 할 것이라고……'

나에게 마음으로 말씀하신다.

이 나와 함께 하실 것이라는 말은 천국에서 나에게 진행되는 생각 속에서 함께 하시겠다는 것이다. 할렐루야.

그러므로 천국에서 나에게 깨달아지는 모든 생각과 깨우침은 주님이 주장하신다 하여도 과언이 아니다.

그러므로 천국에서 이렇게 주님이 앉아 있는 자리에서 이 사데교회에 대한 생각은 계속되었다.

이 사데 교회에서 그 옷을 더럽히지 아니한 흰 옷 입은 사람들이 있다 하였다.

이 구절을 생각할 때에 나는 이러한 생각을 했다.

'아, 나도 이렇게 더럽힘이 없는 흰 옷을 입어야 하는데....'

그리고 주님은 이들의 이름을 생명책에서 흐리지 아니하실 것이라 말씀하시고 또한 그들의 이름을 하나님 앞에서 시인할 것이라 말씀하신다.

할렐루야.

그러나 이렇게 흰 옷을 입지 못한 자들은 그들의 이름을 생명책에서 흐리시겠다고 말씀하신다.

이렇게 이름이 흐려지는 자들은 이기지 못하는 자에 속하여 하나님의 영광이 해같이 빛나는 성안에 못 들어가고 성밖에 남게 되는 것이다.

즉 새 하늘과 새 땅에서 새 예루살렘성의 성안에 못 들어가고 성밖에 남게 된다.

열 처녀중 다섯 처녀가 문밖에 남게 된 것처럼 말이다.

주님은 신랑을 기다리는 열 처녀 중에 기름을 충분히 준비하지 못한 미련한 다섯 처녀들에게 이렇게 말씀하신다.

"내가 너희를 알지 못하노라."

주여!

[마 25:6-12]

(6)밤중에 소리가 나되 보라 신랑이로다 맞으러 나오라 하매 (7)

이에 그 처녀들이 다 일어나 등을 준비할새 (8)미련한 자들이 슬기 있는 자들에게 이르되 우리 등불이 꺼져가니 너희 기름을 좀 나눠 달라하거늘 (9)슬기 있는 자들이 대답하여 가로되 우리와 너희의 쓰기에 다 부족할까 하노니 차라리 파는 자들에게 가서 너희 쓸 것을 사라 하니 (10)저희가 사러 간 동안에 신랑이 오므로 예비하였던 자들은 함께 혼인 잔치에 들어가고 문은 닫힌지라 (11)그 후에 남은 처녀들이 와서 가로되 주여 주여 우리에게 열어 주소서 (12)대답하여 가로되 진실로 너희에게 이르노니 내가 너희를 알지 못하노라 하였느니라

성경책에는 생명책에 이름이 완전히 지워지는 경우(이런 경우는 지옥을 간다)와 이름이 흐려지는 경우(이 경우는 성밖으로 쫓겨난다)를 말하고 있다(자세한 것은 계시록 이해의 책의 요약편에 있는 '이기는 자와 이기지 못하는 자'를 참고하라).

이름이 완전히 지워지는 경우가 아니라 흐려지는 경우에도 주님은 '내가 너희를 도무지 알지 못하노라' 고 하신다는 것이다. 이기지 못하는 삶을 산 자들의 이름을 주님은 아신다고 시인하지 않으시겠다는 것이다. 주여!
왜 그럴까? 하고 생각하여 보았는데 사실 그렇다. 그분은 우리를 위하여 목숨을 아끼지 아니하시고 다 주셨는데 그리하여 우리는 영원한 불못에서 구원을 받았는데 그 이후의 삶이 주님께서 원하시는 삶을 살아드리지도 못하고 노력도 하지 않는 자들에게 내가 너희를 아노라고 말씀하시지 아니하실 것이 당연한 일인 것이

다. 주여!
그리고 이것은 마태복음 7장 21절 이하에서 주님이 말씀하시는
것과도 일치하고 있다.

[마 7:21-23]
**(21)나더러 주여 주여 하는 자마다 천국에 다 들어갈 것이 아니
요 다만 하늘에 계신 내 아버지의 뜻대로 행하는 자라야 들어가
리라 (22)그 날에 많은 사람이 나더러 이르되 주여 주여 우리가
주의 이름으로 선지자 노릇하며 주의이름으로 귀신을 쫓아 내며
주의 이름으로 많은 권능을 행치 아니하였나이까 하리니 (23)그
때에 내가 저희에게 밝히 말하되 내가 너희를 도무지 알지 못하
니 불법을 행하는 자들아 내게서 떠나가라 하리라**

여기서도 주님께서는 하늘에 계신 아버지의 뜻대로 살지 못한 자
들에게 '내가 너희를 도무지 알지 못하노라' 라고 말씀하신다
는 것이다.
그러므로 이름이 흐려지는 경우는 예수는 믿었으나 이기지 못하
는 자의 삶을 살아서 성밖에 쫓겨나서 슬피 울며 이를 가는 장소
로 가는 것이다. 이것이 열 처녀중 다섯 처녀가 남게 된 문밖, 즉
성밖인 것이다.

16
성밖의 문제 때문에 내 영이 울고 있었다.

(2014.9.1)

천국에 올라갔다.

내 영혼은 울고 있었다. 왜냐하면 내 책에 나오는 성밖 문제로 사람들이 이렇게 말하고 저렇게 말한다. 즉 이 성밖을 말하므로 나를 이단취급을 하는 것이다. 그러나 나뿐 아니라 천국과 지옥을 보고 온 자들 중에서 이러한 비슷한 장소를 본 자들이 많다. 이 곳은 지옥 즉 영원한 불못이 아니다. 단지 새 하늘과 새 땅의 새 예루살렘 성밖인 것이다.

예수님이 하신 말씀에서 열 처녀가 다 똑같이 신랑을 기다리고 있었으나 지혜로운 다섯 처녀는 문안으로 들어가고 미련한 다섯 처녀는 문밖에 남게 되었다. 이 문밖은 바로 성밖이라는 곳인데 이 곳은 지옥이 아니다. 사람들은 여태까지 천국 아니면 지옥밖에 없다고 생각한다. 그래서 예수를 믿는 자는 천국, 예수를 믿지 않는 자는 지옥에 간다고 말한다. 맞는 말이다.

그러나 예수를 믿는 자들이 가는 곳이 천국인데 이 천국에는 두 장소가 있어 보인다. 한 장소는 소위 하나님의 영광이 해같이 빛나는 새 하늘과 새 땅의 새 예루살렘 성안이고 다른 한 장소는 새 하늘과 새 땅이지만 바깥 어두운 즉 하나님의 영광이 비취지 아니하는 새 예루살렘 성밖인 것이다.

새 예루살렘 성밖은 하나님의 영광의 빛이 비취지 아니하는 곳으로 이것이 소위 주님이 말씀하신 바 이기는 자의 삶을 살지 못한 자들이 가는 곳, 바깥 어두운 장소인 것이다. 이곳에 오는 사람들은 이 땅 위에서 예수는 믿었으나 하나님의 말씀대로 살지를 못해서 오는 장소인데 그래도 감사한 것은 영원한 불못이 아니라 새 하늘과 새 땅이라는 것이다. 그들은 여기서 가벼운 형벌을 받으면서 슬피 울며 이를 간다.

나는 이 성밖의 문제 때문에 내 영이 울고 있었다. 그래서 나를 데리러 온 수레 바깥에서 나를 수호하는 천사가 '주인님, 울지 마세요.' 라고 했다.

나는 빨리 수레에 올랐다.

그리고 그 수레는 천국 문을 통하여 천국 안에 들어갔다.

주님은 나를 맞아주셨고 오늘 나의 모습은 다이아몬드 면류관에다가 약간 금색깔이 나는 드레스를 입고 있었다.

주님은 나를 정원 앞에 있는 벤치에 데리고 가셨다.

그 벤치 앞쪽으로는 붉은 빛깔이 나는 꽃들이 많이 피어 있었다.

오늘따라 벤치가 황금으로 되어 있는 것이 보였다.

나는 주님께 말했다.

"주님, 사람들이 내 책의 성밖 문제로 그 책 (천국과 지옥 간증 수기 제 1권) 을 문제 삼아요?"

그랬더니 주님이 '그들의 핍박을 무시하라.' 라고 말씀하셨다.

할렐루야.

그리고 나서 주님과 나는 계시록에 대하여 이야기하기 위하여 요한이 있는 곳으로 갔다.

17

새 예루살렘 성안의 변두리와
새 예루살렘 성밖은 다른 장소이다.

(2014.10.10)

천국에 올라갔다.

천국에 올라가서 수레에서 내렸는데

주님이 나를 저기서 기다리고 계셨다.

그런데 오늘따라 수레에서 내리는 나를 주님께로 인도하는 천사
가 두 명이 갑옷을 입은 천사들이었다. 보통은 흰 두 날개 달린 흰
옷 입은 아름다운 여성 천사들이다.

그래서 나는 주님께 말했다.

"주님! 오늘은 갑옷을 입은 천사들이 저를 수종 드네요. 오늘은
천국의 레벨보다 계단 아래로 내려가서 성밖이라는 곳에 갈 것이
군요?"

나는 그 천사들을 보고 이렇게 말씀드렸더니 예수님도 이렇게 말
씀하셨다.

"그렇단다."

내가 도착하는 천국의 레벨 아래는 성밖이 있다. 여기는 소위 주
님께서 복음서에서 누누이 말씀하신 바깥 어두운 곳이다. 사람들

은 여기서 슬피 울며 이를 간다.

소위 성경에서 말하는 이기지 못하는 자들이 오는 장소인 것이
다. 주여!

내가 천국에 도착하면 주님과 내가 발을 딛고 있는 천국의 레벨보
다 그 바로 아래로 내려가는 계단이 있다. 이 계단들은 다 황금으
로 된 계단들이었고 아주 가파랐으며 그 계단의 수는 약 100개 이
상은 넉넉히 되어 보였다.

이 계단을 주님과 내가 내려가니 (천국에서는 계단을 내려가는 것
이나 올라가는 것이나 전혀 힘들지 않고 가뿐히 올라가고 내려간
다) 거기에는 사람들이 흰 옷을 입고 쭉 앉아 있었다. 이들은 두
손이 뒤로 묶여 있었고 그들은 꿇어 앉은 채로 입으로 무엇인가를
나르고 있었다. 이것이 그들이 여기서 받는 벌이었다.

주님과 나는 이 그룹을 지나서 더 들어갔다.

그 다음 그룹의 사람들은 먼저 본 그룹과는 한참 떨어져 있었는데
이 그룹의 사람들은 줄을 서서 한 사람씩 아주 좁은 곳으로 통과
해야 하는 그러한 고통을 당하는 벌을 받고 있었다.

나도 놀랐다. '벌도 이런 벌이 다 있구나.' 하고.

나는 정말 그들이 안타까워 보였다.

또 저 멀리 더 떨어진 곳으로 가보니

거기 그룹에서는 한 사람씩 불려 나와서 매를 맞고 있었다.

즉 이 바깥 어두운 데에서 벌을 받는 자들은 그룹 그룹마다 다 다

른 벌을 받고 있었다.

주님과 나는 더 저 안쪽으로 들어가니 어두침침한 골짜기가 나왔
는데 거기는 쇠창살로 된 방들이 쭉 나열되어 있었고 그 첫 번째
칸에는 OOO 목사님이 계셨다.
목사님이 나를 보고서 말없는 말을 하신다.
　'나좀 여기서 꺼내달라....'
나도 마음으로 말했다.
'목사님 아시잖아요. 내가 그런 힘이 없다는 사실을......'
그 목사님과 나 사이에 이러한 대화가 마음으로 오고 갔다.
주여!
그 옆 쇠창살 안에는 OOO 목사님이 들어 계셨는데 그 목사님은
다리를 양반을 개고 마루바닥 같은 곳에 앉아 있었고 그 입은 불
평스럽게 꽉 다물고 계셨다.
그러면서 그 목사님은 마음으로 주님께 묻고 있는 것이 알아졌다.
　'주님 제가 왜 여기 와야 했습니까?'　라고.
주님은 답하지 아니하셨다. 그리고 더 안쪽으로 들어가니
그 다음 쇠창살 안에 OOO 목사님이 계셨다. 이 분은 내가 두 번
째로 쇠창살 안에 계신 것을 본 유명한 목사님이었다.
주님은 이 목사님에 대하여　'너는 내 개였다.'　라고 하셨었다.
쇠창살 안에는 저 안쪽으로 나무바닥으로 되어 있는 걸터 앉을 수
도 있는 마루 같은 것이 1m 정도의 높이로 있었는데 그 목사님이
거기서 벽을 바라보고 앉아 있었다.
나는 늘 그분을 볼 때마다 그분은 벽을 쳐다보고 계신 것을 보았

었는데 오늘도 역시 벽을 쳐다보고 계셨다. 그 목사님은 주님과 내가 온 것을 알고 뒤로 힐끗 돌아보시더니 다시 벽을 바라보고 앉으셔서 그 마루바닥을 주먹으로 '탕, 탕' 치시는 것이었다. 주여!

나는 주님께 물었다.
"주님, 왜 이들은 이 쇠창살 안에 있습니까? 다른 사람들은 밖에 있는데…"

주님이 말씀하신다.
"자기 죄를 잘 모르는 자들은 여기 안에 있느니라."
"자기의 죄를 알 때까지. 그리고 회개할 때까지………"
오 마이 갓!

"그러면 주님 이들이 회개하면 성안으로 들어가나요?"
그러나 주님은 여기에 대하여는 아직 아무 말씀이 없으셨다.

나는 주님께 또 한 번 마음으로 다른 질문을 가졌다.
'내 육신의 아버지가 계신 곳이 이 성밖인가요?' 하는 질문이었다.
그러자 나는 곧 내 육신의 아버지가 계신 곳이 성밖이 아니라는 결론이 내려졌다.
첫째 이유는 내 육신의 아버지가 있는 곳을 왔다 갔다 하는 천사들은 갑옷을 입고 있지 않았기 때문이다. 그들은 보통의 두 흰 날개 달린 흰 옷 입은 천사들이었다.

할렐루야. 그러므로 내 육신의 아버지가 계신 곳은 이 성밖이 아님에 틀림이 없다.

두 번째로 그 이유가 그곳은 벌을 받는 장소가 아니었다.

내 육신의 아버지는 거기서 비록 좋은 집에 사는 것은 아니더라도 나름대로 삶에 기뻐하고 만족하고 있는 곳이었다. 즉 벌을 받고 있지 않았다. 할렐루야.

그러므로 나는 내 육신의 아버지가 계신 곳은 성안의 변두리이며 성밖이 아니라는 결론이 내려졌다. 정말 그렇다.

그리고 세 번째로 이 이유가 될 수 있는데 그것은

주님께서 나를 내 육신의 아버지가 계신 곳으로 데리고 가실 때에는 항상 아주 멀리멀리 구름을 타고 나를 데리고 가셨다는 사실이다. 즉 천국 레벨 아래로 계단을 통하여 내려가시는 것이 아니었다. 그러므로 내 육신의 아버지가 사는 곳은 성안의 변두리이지만 그러나 이기지 못하는 자들이 가는 장소는 성밖인 것이다.

이 두 장소가 엄연히 다른 것이다. 할렐루야!

이 차이를 알게 하여 주신 하나님을 찬양합니다!

18

천국에서 내 육신의 아버지가 사시는 곳에서는 성밖과는 달리 생명수가 흐르고 있다.

(2014.10.31)

천국에 올라갔다.

주님이 바로 나를 모닥불 있는 곳으로 인도하셨다.

즉 이 모닥불은 거실에 추울 때에 피우는 그 불과 같다.

벽에 붙어 있는....

거기에 주님이 앉으시고 그리고 나도 거기에 앉히셨다.

그리고 말씀하신다.

"내가 너에게 은사를 주노라."

"네... 무슨 은사를요?"

주님이 말씀하시기를 사람을 투시하는 은사라 말씀하신다.

할렐루야.

주님 감사합니다.

사역에 잘 사용하겠습니다.

(나는 여기서 주님께서 왜 나에게 은사를 주신다면서 모닥불이 피워져 있는 곳으로 나를 인도하셨는가 하는 것인데.... 성경에 성령이 강림하실 때 보면 바람과 불이 마가의 다락방에 임하였다. 그

러므로 주님이 나를 불이 피워져 있는 데로 인도하셔서 나에게 투시의 은사를 주신다고 하신 것은 내가 생각하기에는 이것은 그 나름대로 의미가 분명히 숨겨져 있다고 본다)

그 다음 주님과 나는 요한의 집 앞 피크닉 테이블에 도착하였다. 앉으시고 그 옆에 모세가 앉았고 그 다음 주님의 맞은 편에 요한이 앉았고 그리고 나는 주님의 대각선으로 요한 옆에 앉았다.
그런데 내 육신의 아버지가 거기에 나타나셨다.
나는 너무 놀랬다. '아니 내 육신의 아버지가 여기 도착하다니...?'
그리고 아버지는 모세의 옆의 의자에 앉았다. 나를 마주보고......

나는 아버지에게 질문할 것들이 사실 있었다 (그래서 주님이 아버지를 부르신 것 같았다).
뭐냐면 전에 내가 아버지가 사시는 곳에 가서 보았다.
그래서 나는 모세 옆에 앉은 아버지에게 질문을 하였다.
"거기에는 생명수가 있나요?"
아버지는 말씀하시기를 거기에는 조그마한 도랑과 같은 시내가 흐르고 있는데 그 시냇물이 바로 생명수라 하셨다.
그리고 그 변두리에 사는 자들은 그것을 마실 수가 있는 것이다.
이것은 분명 성밖하고는 다른 모양이라 할 수 있다.
그리고 아버지는 말씀하신다.
'가서 잘해라. 네가 본 것을 다 말하여야 한다.' 고 아버지가 말씀하셨다. 내가 곧 한국집회를 가게 되어 있었는데 그 집회들에서 다 말하라는 것이었다.

그리고 아버지는 천국의 스크린을 통하여 내가 한국에 가서 집회하는 것을 지켜 볼 것이라 말씀하셨다. 할렐루야.

그리고서는 나는 지상에서 누가 문을 두들기는 소리가 나서 내려와야 했다.

⑲ 성밖에서 누운 채로 배 위에 바위를 올려놓고 있는 그룹을 보다.

(2014.12.22)

나는 천국에 올라갔다.

올라가자마자 나는 어떤 어두운 공원에 사람들이 콘크리이트로 된 테이블들 위에 각 테이블에 한 명씩 사람들이 흰 옷을 입고 누워 있는 것이 보였다. 공원에 가면 쉬는 곳에 놓여진 테이블들과 의자들이 있는데 이 테이블들은 두 줄로 여러 개가 쭉 놓여 있었다. 그것이 나에게는 멀리서 보이는데 사람들의 가슴과 배 부위 중간에 갈색의 큰 냄비 같은 것을 하나씩 올려놓고 있는 것이 보였다. 오 마이 갓! 그런데 그 다음에 이 냄비 같은 것이 자세히 보이는데 그것들은 냄비가 아니라 큰 돌들이었다. 즉 테이블 위에 누운 사람들은 흰 옷을 입은 채로 이 돌들을 배 위에 하나씩 올려놓고 움직이지 않고 있었다.

그것들은 크기로 보아서 그냥 돌들이라기보다 바위들이라고 보아야 옳았다.

그 돌의 크기는 상당하였다 (가로 60cm, 세로 40cm, 높이 20cm). 그리고 이렇게 큰 돌들을 가슴과 배에 걸쳐서 올려놓고 있어야 하는 것이 이들이 그곳에서 받아야 하는 벌이라는 것이 알아졌다.

주님은 이 곳을 성밖이라고 하셨다.

이기지 못하는 자들이 가는 성밖에는 참으로 지금까지 보면 여러 그룹의 사람들이 각기 다른 종류의 벌들을 받고 있었다.

이전에 본 그룹들을 기억나는 대로 열거하여 보면 매를 맞고 있는 그룹이 있었고, 또 손은 뒤로 묶여 있으면서 입으로 뭔가를 계속 옮기고 있는 그룹이 있었으며, 또 좁은 공간으로 몸을 간신히 통과해야하는 벌을 받고 있는 그룹, 쇠창살 안에 들어 있는 그룹, 롯과 같은 경우는 녹청색의 뱀이 상체를 감고 있었고, 또한 황량한 들판 같은 곳에서 엎드려서 회개하고 있는 그룹 등등 여러 그룹이 있었다.

그런데 이번에 본 그룹은 가슴과 배에 걸쳐서 큰 돌을 올려놓고 움직이지 않고 있는 것이었다. 주여!

나는 주님께 말했다. 나는 더 이상 거기에 있고 싶지 않았다. 그들을 보고 있는 것이 괴로웠다. 그래서 나는 주님께 말했다.

"주님! 나는 위로 올라가고 싶어요."

즉 천국의 성안으로 가고 싶다고 하였다.

그랬더니 어느새 주님과 나는 내 집의 거실에 와 있었다.

천국이 이런 곳이다. 금방금방 장면이 바뀐다. 아니 그만큼 이동이 눈 깜짝할 새에 일어난다고 봄이 옳다.

할렐루야.

내 집안의 황금으로 된 테이블 위에는 세 권의 책들이 놓여 있었다.

녹색의 껍질을 한 간증수기 1, 그리고 빨간색 껍질을 하고 있는 간증수기 2, 그리고 그 위에 분홍색과 살색이 섞인 세 번째의 책이 놓여 있었다.

세 번째의 책 제목은 이전에 받았다.

'이제도 있고 전에도 있었고 장차 올 자 예수 그리스도, 성경편
제 1권 - 창세기' 이렇게.

그런데 오늘은 그 글씨의 색깔이 어떻게 되어야 할지에 대하여 주
님이 가르쳐 주셨다.

책 제목의 글씨 색깔이 은색, 아니면 은색 빛이 나는 청색이 되어
야 함을 알게 하여 주신 것이다. 할렐루야. 그리고는 나는 지상으
로 다시 내려왔다.

[갈 5:19-21]
**(19)육체의 일은 현저하니 곧 음행과 더러운 것과 호색과 (20)우
상 숭배와 술수와 원수를 맺는 것과 분쟁과 시기와 분냄과 당 짓
는 것과 분리함과 이단과 (21)투기와 술 취함과 방탕함과 또 그
와 같은 것들이라 전에 너희에게 경계한 것같이 경계하노니 이런
일을 하는 자들은 하나님의 나라를 유업으로 받지 못할 것이요**

예수를 믿었어도 이러한 육체의 일을 하고 산 자들은 이렇게 성밖
에 오게 될 것이다. 하나님의 나라를 유업으로 받지 못하고 말이
다. 여기서 하나님의 나라라고 하는 것은 하나님의 영광이 해같이
빛나는 새 예루살렘 성안을 말한다.

[고후 5:9-10]
**(9)그런즉 우리는 거하든지 떠나든지 주를 기쁘시게 하는 자 되
기를 힘쓰노라 (10)이는 우리가 다 반드시 그리스도의 심판대 앞**

에 드러나 각각 선악간에 그 몸으로 행한 것을 따라 받으려 함
이라

주여!

이기지 못하는 삶을 살면 성밖이다!

㉑ 현재 성령의 은사가 일어나고 있음을 인정하지 않으면 예수를 믿어도 성밖이다.

(2014.12.31)

천국에 올라가는데 수레 바깥에서 나를 수호하는 천사가 나를 보고 이렇게 말을 했다.

"어서 오세요. 저는 주인님을 모시게 되어 참으로 감사합니다."

라고 말이다.

그래서 나도 감사하다고 했다.

그리고 네 말이 끄는 큰 수레를 타고 천국에 올라가는데

수레가 천국대문에 도착하자 수레 바깥 천사가 '문을 여시오'

하니 천국대문에 있던 천사들이 '사라님 오셨다.' 하고 문을 활짝 열어주었다.

수레는 천국 안에 즉시 도착하였고 나는 수레에서 내려 주님께로 갔다.

그런데 오늘 주님은 갑자기 엄청 크게 보이셨다. 아니 내가 갑자기 그분의 손 위에 서있었다. 그런데 그 손에 구멍이 있건만 나에게는 느껴지지 않았고 나는 단지 그분의 손 위에 서 있다는 것만 알았다. 할렐루야.

주님은 나를 아주 소중히 그분의 손 위에 두고서 기뻐하시고 계셨다.

주님과 내 아래에 있는 흰 옷 입은 무리들이 여전히 손을 들고 환영하여 주었다.

주님과 나는 한참 그렇게 있다가 구름을 탔는데 아니 그렇게 크시던 주님이 다시 이전의 모습 즉 평소 때의 키로 작아지신 것이다.

그리고서는 나와 함께 구름 위에 타셨다.

아니 어찌 이런 일이 이렇게 갑자기 순간순간 일어나는지 나는 놀랍기가 그지 없었다.

나는 '주님' 하고 불렀더니 갑자기 크신 몸에서 작은 정상적인 몸으로 바뀐 것에 대하여 놀라는 내 마음을 아셨는지 "그래 나다." 라고 말씀하셨다.

그리고 주님과 내가 구름 위에 타고 있었는데
언제 그랬냐는 듯이 장면이 바뀌면서
주님과 내가 꽃밭의 정원의 벤치에 함께 앉아 있는 것이었다.
그리고 또 장면이 바뀌면서 주님과 내가 유리바다 위에 흰 옥색의 보트에 주님은 저쪽, 나는 이쪽 끝에 앉아 있었다.
주님과 나는 이제 바다 위에 보트 안에 앉아 있었다.
어찌 이런 일이 이렇게 순간순간 순식간에 일어날 수 있는지…….
이러한 내 생각을 아시고 주님이 말씀하신다.
"천국이 바로 이런 곳이란다." 라고 말씀하셨다.

'아하 그렇구나! 천국은 이러한 곳이구나.' 하고 이해가 새삼스럽게 되었다.

그리고 나는 주님께 '이때가 기회다.' 라고 생각하고 무언가를 물어봐야겠다고 생각했다.

"주님, 구원파 박○○, 유○○ 그리고 또 이○○ 이들은 다 구원받을 수 있는가요?"

왜냐하면 그들은 지금 이단으로 찍혀 있었고 또 그 속에서 누군가가 이메일을 보내와서 자신이 그 구원파속에서 하나님을 알게 되었고 구원을 받게 되었다면서 자신이 정말 죽으면 구원받는지를 나에게 물어왔기 때문이다.

나는 이것을 주님께 물은 것이다. 과연 그러한지.....

이들은 성령의 은사를 인정하지 아니한다. 이 시대에는 중단되었다고 믿는다. 그러므로 방언, 방언통역의 은사, 신유의 은사 등등 전혀 인정하지 않는다고 한다. 그런데 주님은 나에게 알게 하여 주시는 것이 그들은 불못에서는 구원을 받으나 결국은 그렇게 가르치는 지도자들 때문에 성도들이 성령 훼방죄를 본의 아니게 짓게 되어져서 이들은 지옥은 아니고 모두가 다 성밖이라는 사실을 알게 하여 주셨다. 할렐루야.

그러나 이를 처음에 그렇게 가르친 자들은 하나님은 책임을 더 많이 물을 것이라고 말씀하셨다. 그 밑에 성도들은 그들이 가르친 대로 알고 있으니 벌이 조금 덜하여 성밖이라는 것이다.

그러므로 이들은 결코 성안에는 못 들어간다. 부끄러운 구원을 받게 되는 것이다.

성령의 은사를 인정 안 하였으니 그로 말미암아 성령 훼방죄를 본의 아니게 저지르게 된 것이다. 지도자들의 잘못된 가르침 때문에....

그러므로 그들은 불 가운데 구원받는 것과 같은 구원을 받게 된다고 말씀하셨다.

할렐루야.

바르게 가르쳐 주시는 주님을 찬양합니다.

㉑
아버지가 초가집에
사시고 계신 것을 보다.

(2015.1.12)

천국에 올라갔다.

수레가 하늘색으로 되어 있고 보석으로 장식되어 있어 너무 예쁘다. 천국에 도착하여 주님을 뵈었는데 주님과 나는 벌써 어디엔가 와 있었다. 순식간의 이동이었다.

내 눈에는 먼저 장독들이 보였다.

'천국에도 장독들이 있나?' 하고 있는데 그 집은 초가집이었다. 그 집에 누가 사나하고 보았더니 내 육신의 아버지가 사시고 계셨다.

즉 아버지가 이전에는 큰 공장 건물 같은 곳에서 다른 사람들과 공동체 생활을 하고 계신 것을 보았는데 이제는 혼자서 이 초가집에 살고 계신 것이었다.

나는 마음으로 아버지가 이렇게 초가집에서 사시는 것이 마음이 아팠다.

그러자 아버지는 벌써 내 마음을 아시고 말씀하시기를

'나는 여기서 참으로 행복하단다.' 라고 하셨다.

집에 토마토가 열려 있었다.

이전에도 나는 천국에서 이러한 초가집을 한번 슬쩍 본적이 있었는데 그것이 아버지의 집이었나? 하는 생각이 지금 들었다. 그 때에도 나는 내 육신의 아버지를 보았었다.

그 때는 아버지가 밭에서 일하고 계셨다. 그런데 그 때에는 그 초가집이 우리 아버지가 산다고는 생각하지 못했었다. 그런데 오늘 주님께서 나를 이렇게 초가집에 사시는 아버지에게로 데리고 오신 것이다.

초가집에 사시는 나의 아버지를 보고 마음이 아파하는 나에게 내 육신의 아버지는 젊은 모습으로 하시는 말씀이 자신이 여기서 사는 것이 진정으로 행복하다고 하셨다.

할렐루야.

즉 그렇게 공장건물 같은 곳에서 공동생활하시다가 그 때에도 밭에서 일을 하셨는데 이제는 단독 초가집에서 사시게 되셨는데 아버지는 내 생각과는 다르게 무척 행복해 하셨다.

나는 내 아버지가 사시는 곳이 천국의 변두리가 아닌가 생각한다. 왜냐하면 이전에 주님이 나를 내 아버지가 사시는 곳에 데리고 가시는 것을 보면 믿음의 선진들의 집에 갈 때보다 훨씬 정말 멀리 멀리 가셨기 때문이다. 그리고 거기에서 아버지와 다른 사람들이 공동생활을 하면서 농사를 짓고 계셨다. 그러나 나는 믿음의 선진들이 농사를 짓고 있는 것을 보지는 못했다. 그런 것으로 보아 농사는 천국의 변두리에 있는 사람들이 짓는 것이 아닌가 생각된다.

그러므로 나는 천국은 천국의 중심이건 변두리이건 성안으로서 어찌하였건 간에 행복하여 보이셨다.

그러나 성밖은 정말 다른 곳이다. 거기는 행복이 없고 슬피 울며

이를 가는 곳이다. 벌을 받는 곳이다. 그러므로 내 육신의 아버지
가 계신 곳은 생명수가 공급되는 성안으로서 천국의 성안의 변두
리인 것으로 현재까지는 보인다. 할렐루야.

주님, 감사합니다.

22
천국에서 내 육신의 아버지의 인격이
많이 변하여 있었다.

(2015.2.13)

기도 후에 천국에 올라갔다.

수레도 말도 천사들도 정상적으로 보였다.

수레가 천국 안에 도착하였다.

나는 주님께로 인도함을 받으려 하는데

주님이 갈색인 사슴들이 끄는 수레를 가지고 오셔서 기다리고 계셨다.

주님이 이미 사슴들이 끄는 뚜껑 없는 수레 안에 타고 계셨으므로 나도 거기를 타야 했다.

천사들이 나를 보조하여 주님 옆에 타게 하였다.

사슴들의 눈이 크고 검정색으로 아주 예뻤다.

사슴들이 끄는 마차는 하늘 공중을 달렸다.

저 밑에서 흰 옷 입은 무리들이 부러워하듯이 나를 환영하여 주고 있었다.

주님은 사슴이 끄는 수레를 타시고 나와 함께

산을 넘고 들을 지나 아주 멀리멀리 가신다 (나중에 알게 되었지만 내 아버지가 계신 곳은 아주 변두리인 것 같다).

기분이 너무 좋았다. 주님과 함께 있는 시간은 참으로 행복하다. 그리고 간 곳이 어딘가 보았더니 내 육신의 아버지가 사는 집이었다. 비록 초가집이지만 장독들이 있고 평화로워 보였다.

아버지가 흰 옷을 입고 주님과 나를 맞아주었다.
마당이 크지는 않았으나 거기에 원탁 테이블이 놓여지고 주님과 나 그리고 아버지가 앉았다. 그리고 전에도 말했듯이 아버지는 젊었고 패기가 있었으며 인격이 아주 좋아 보였다. 이전에 내가 지상에서 살던 아버지의 인격은 온데간데 없어지고 정말로 새로운 인격을 가지고 계셨다 (나는 이점에 대하여 나중에 다시 자세히 쓸지 모른다. 그러나 아버지는 내게 이전에 나를 만났을 때에 나에게 말씀하시기를 '자신이 회개를 많이 하였다' 라고 하신 적이 있다. 그러므로 나는 이것은 천국에서 느껴지는 것인데 아버지의 인격이 많이 변하여 있는 것이 당연하다는 생각이 드는 것이었다. 그러나 이러한 점이 지상에 내가 내려오면 참으로 신기한 것이다. 그러나 천국에서는 이것이 당연하게 느껴졌다).
테이블 위에는 먹을 것과 마실 것이 펼쳐졌다.
아버지가 물을 따라 주었다. 그것은 차도 아니고 생명수도 아닌 뭔지는 모르겠으나 달콤한 음료수였다.
그리고 아버지는 자신의 손을 내가 만지게 하였다. 손이 늙으신 손이 아니라 젊은이의 손처럼 젊은 것을 내게 보여주셨다.

그리고 아버지는 주님과 함께 마음으로 말을 주고 받으셨다.
'사라가 잘하고 있어요?' 라고 물으셨고 주님은 '그렇다' 라고 말씀하시는 것이 알아졌다.

그리고서는 아버지는 일어서시더니 고구마를 갖고 바구니에 담아오셨다.

그리고 그것을 칼로 깎아서 주시는데 고구마가 절로 깎이는 것 같았다.

그리고 그 맛은 지상의 고구마 맛이 아니라 천국의 고구마 맛인데 꼭 맛있는 과일을 먹는 것 같았다.

㉓
성부 하나님께서 바깥 어두운데 슬피 울며
이를 가는 장소가 있음을 다시
확실히 알게 하시다.

(2015.3.11)

천국에 올라갔다.

나를 데리러 온 수레 바깥에서 나를 수호하는 천사가 오늘은 말을 타고 있었다.

내가 수레 안에 타니 내게는 금으로 된 아름다운 면류관이 씌여져 있었고 내가 입은 드레스도 흰 망사바탕에 금색과 갈색으로 장식이 아름답게 이루어진 드레스를 입고 있었다.

나를 수레 바깥에서 수호하는 천사는 말을 탄 채로 수레와 함께 천국 안에 도착하였다.

주님은 나를 맞이하여 성부 하나님이 계신 곳으로 인도하시는 것이었다.

나는 내가 성부 하나님께로 가는 것을 알고 흰 옷으로 갈아입기를 원했다.

그랬더니 내가 성부 하나님이 계신 곳에 도착하여서는 옷이 흰옷으로 바꾸어져 있었다. 천국이 이런 곳이다. 생각만 해도 그대로 바꾸어진다.

저 앞에서 성부 하나님의 음성이 들렸다.

"사라야!"

"네가 계시록을 다 썼느냐?"

나는 이 음성을 듣고서는 아니 성부 하나님은 내가 아직 다 쓰지 않은 것을 알고 계실텐데 왜 이 질문을 나에게 하실까 하고 궁금해 하였다.

내가 대답했다.

"아니요."

그러면서 나는 성부 하나님께 질문하였다.

"하나님, 바깥 어두운데가 정말 있는지요?"

그러자 성부 하나님이 말씀하신다.

"네가 예수와 함께 가보지 아니하였느냐?"

"금계단으로 내려간 곳 말이다."

"황량하고 쇠창살이 있고 천사들이 다스리는 곳 말이다."

내가 대답했다.

"네 가보았어요."

하나님이 말씀하신다.

"네 앞에 계시록을 푼 책이 있지 아니하냐?"

"그곳에 있느니라."

그 말씀을 듣는 순간 나는 그 계시록을 푼 책을 바라보았다.
그 책은 내 앞에 작은 둥근 테이블 위에 놓여 있었는데 그 계시록
을 풀이한 책이 분명히 곽 속에 들어 있었건만 그 상자 안이 다 보
였고 그리고 더군다나 책 안이 다 보였다.
거기에는 천국의 언어로 기록이 되어 있었고 그 천국의 언어 코
드는 빨간색 노란색 파란색의 콩나물 같이 생긴 글자들이 띄엄띄
엄 쓰여져 있었다.
나는 그 코드를 보자 도무지 무슨 말인지 알 수 없어서 그 책을 집
어서 주님께 '주님이 아시잖아요.' 하면서 주려고 책을 집어 들
려고 한 순간에 그 책 안에서 바깥 어두운 데가 보여지는 것이었
다. 와~ 정말 무슨 요술을 부리는 것처럼....
금방 천국언어로 된 책 안이 보였는데 이제는 그 책 안에 바깥 어
두운 데가 보이는 것이었다.

오 마이 갓!
그 책 안에서 바깥 어두운데 슬피 울며 이를 가는 장소가 보이는
것이었다.
오! 정말 그곳은 존재하는 곳인 것이다.
할렐루야.

그러고 나서 나는 다시 하나님께 물었다.
"그러면 여기에 대한 심판은 언제 일어나는 것입니까?"

그러나 이 질문에 대하여서는 주님께서 내게 알게 하여 주시는데
아직 알기가 이르다고 말씀하시는 것이 알아졌다.

그 다음 나는 또 질문하였다.
"주님, 그곳에서 회개하는 자는 시간이 많이 걸린다할지라도 결
국은 성안으로 들어올 수 있는 것인가요?"

그러나 이 질문에 대한 대답도 내가 아는 것이 아직 이르다는 것
이 왔다.
주여!

그러고 나서 나는 내려왔는데
오늘 내가 성부 하나님 앞에서 확실히 알게 된 것은 바로 성밖이
라는 장소 즉 바깥 어두운데 슬피 우는 장소가 확실히 있음을 확
인하고 내려온 것이다.
할렐루야.

주님을 찬양합니다!

[마 25:14-30]
(14)또 어떤 사람이 타국에 갈제 그 종들을 불러 자기 소유를 맡
김과 같으니 (15)각각 그 재능대로 하나에게는 금 다섯 달란트
를, 하나에게는 두 달란트를, 하나에게는 한 달란트를 주고 떠났

더니 (16)다섯 달란트 받은 자는 바로 가서 그것으로 장사하여 또 다섯 달란트를 남기고 (17)두 달란트 받은 자도 그같이 하여 또 두 달란트를 남겼으되 (18)한 달란트 받은 자는 가서 땅을 파고 그 주인의 돈을 감추어 두었더니 (19)오랜 후에 그 종들의 주인이 돌아와 저희와 회계할새 (20)다섯 달란트 받았던 자는 다섯 달란트를 더 가지고 와서 가로되 주여 내게 다섯 달란트를 주셨는데 보소서 내가 또 다섯 달란트를 남겼나이다 (21)그 주인이 이르되 잘 하였도다 착하고 충성된 종아 네가 작은 일에 충성하였으매 내가 많은 것으로 네게 맡기리니 네 주인의 즐거움에 참예할지어다 하고 (22)두 달란트 받았던 자도 와서 가로되 주여 내게 두 달란트를 주셨는데 보소서 내가 또 두 달란트를 남겼나이다 (23) 그 주인이 이르되 잘 하였도다 착하고 충성된 종아 네가 작은 일에 충성하였으매 내가 많은 것으로 네게 맡기리니 네 주인의 즐거움에 참예할지어다 하고 (24)한 달란트 받았던 자도 와서 가로되 주여 당신은 굳은 사람이라 심지 않은데서 거두고 헤치지 않은데서 모으는 줄을 내가 알았으므로 (25)두려워하여 나가서 당신의 달란트를 땅에 감추어 두었었나이다 보소서 당신의 것을 받으셨나이다 (26)그 주인이 대답하여 가로되 악하고 게으른 종아 나는 심지 않은 데서 거두고 헤치지 않은데서 모으는 줄로 네가 알았느냐 (27)그러면 네가 마땅히 내 돈을 취리하는 자들에게나 두었다가 나로 돌아 와서 내 본전과 변리를 받게 할 것이니라 하고 (28)그에게서 그 한 달란트를 빼앗아 열 달란트 가진 자에게 주어라 (29)무릇 있는 자는 받아 족하게 되고 없는 자는 그 있는 것까지 빼앗기리라 (30)이 무익한 종을 바깥 어두운 데로 내어쫓

으라 거기서 슬피 울며 이를 갈이 있으리라 하니라

주여!
여기는 지옥이 아니다.
소위 천국인데 새 하늘과 새 땅인데 여기에 새 루살렘성이 하늘에
서 하나님께로부터 내려오는데 이 성안에 들어가지 못하고 바깥
어두운데에 처하는 곳이다. 오직 이기는 자들만 성안으로 들어가
는 될 것이다.
주여!

24

거짓말을 좋아하며 지어내는 자들이
성밖에 와 있다.

(2015.4.25)

천국에 올라갔다.

수레 바깥의 천사가 나에게 말한다.

"입을 꼭 다무세요."

나는 순간적으로 이것이 무슨 말인지 몰랐다.

'나보고 말하지 말라고 하는 뜻인가?' 하고 생각했는데 그게 아
니었다.

내가 수레에 오르자마자 나는 입이 벌어지기 시작했다.

왜냐하면 그냥 마냥 기쁜 것이었다. 주님을 만난다는 생각에 말
이다. 그래서 나는 수레 안에서 계속 입을 벌리고 웃음 짓고 있었
다. 좋아서……

그래서 그 천사가 내가 그럴 것을 미리 알고 나에게 '입을 꼭 다
무세요.' 라고 한 것이었다.

그리고 수레에서 내리는 나를 두 천사가 주님께로 인도하는데 그
사이에 나는 통곡하고 있었다. 왜냐하면 내 사랑하는 주님을 만난
다는 것이 너무 기뻤기 때문이다.

주님은 흰 옷을 입으셨는데 그 뒤로 붉은 가운을 걸치셨다.

저쪽에서 흰 옷 입은 무리들이 나를 환영하는 것이 보였다.

주님이 말씀하신다.

"저들이 너를 기다리고 있단다."

나는 주님께 말했다.

"주님 저는 너무 더러워서 저들과 같이 있지 못할 존재예요"

하면서 나는 그들과 어울릴 자격이 없음을 말씀드렸다.

주님은 큰 구름 위에다가 그 흰 옷 입은 무리들과 나를 타게 하셨다. 그리고 나는 그 구름 위에서 꼭 어린아이와 같이 주님의 크고 넓게 펴져 있는 흰 옷자락에 노는 어린아이 같이 그곳에 파묻혀 있었다.

나는 주님의 옷자락 안이 그렇게 좋았다.

마치 어린아이가 어머니의 치마폭이 좋아서 거기서 뒹구는 어린아이와 같았다.

할렐루야.

나는 그렇게 넓게 펴져 있는 그분의 흰 옷자락 안에서 어린아이와 같이 좋아하고 있었고 주님은 구름 위에서 흰 옷 입은 무리들을 향하여 지휘봉을 들고 그들이 노래 부르는 것을 지휘하고 있었다. 그 흰 옷 입은 무리들은 천상의 언어로 노래하고 있었다.

할렐루야.

나는 그렇게 무척 좋아하였다. 그러고 나서 그 흰 옷 입은 무리들이 갔다. 그리고 이제 주님과 나 둘만 남았다.

내가 주님과 함께 있는 것을 너무 좋아하니 주님도 나와 함께 있
겠다고 하시면서 주님과 나는 공중에서 서로의 몸을 뒤로 기대면
서 춤을 추는 것이었다.
아 주님과 함께 춤을 추는 이 시간이 얼마나 황홀하고 기분이 올
라가는지…………
주님과 나는 한참을 그렇게 하고 있었다.
할렐루야.

그리고 난 후에 주님은 나를 바닷가로 인도하셨다.
바닷가의 물에 주님과 내 발이 담구어졌다.
"사라야, 너는 바닷가를 좋아하지?"
그렇다. 나는 바다를 보면 마음이 차분해지면서 참으로 좋다.
그리고 물을 보면 하나님이 생각이 난다. 지상에서도 말이다.

바닷물이 와서 주님과 나의 발을 적셨다.
아니나 다를까 이사야가 자신의 황금 돛을 단 배를 가지고 바다 위
로 지나간다. 그 배는 엄청 큰 배이다.
이사야는 그 배의 갑판 위에서 '사라님' 하고 부르면서 지나
간다.
물론 그는 주님께 벌써 인사를 드렸다.

그리고서는 '앗!' 하는데 주님의 발에 구멍이 보였다.
나는 주님의 발에 뚫어진 구멍을 볼 때마다 나의 가슴은 못에 찔
리듯이 아프다. 슬프다. 그 아프고 슬픈 마음을 어떻게 표현하여

야 할지 잘 모르겠다.

그러고 나서 주님은 다시 나를 다른 곳으로 인도하셨다.
그곳은 계단을 통하여 아래로 내려가는 곳이었는데
주님이 말씀하신다.
"너는 여기가 항상 궁금하지?"
하시면서 나를 데리고 내려가셨다.
그곳은 이기지 못하는 자들이 가는 곳이었다.
성밖이었다.

그런데 오늘은 흰 옷 입은 젊은이들의 무리가 보이는데 그중에서
도 한 명이 아주 자세히 보였다. 그는 머리가 좀 곱슬이고 제멋대
로 머리가 나있었고 그것은 머리를 빗지 않아서 그런 것 같고 덩
치는 좀 있고 얼굴은 못생긴 편에 속한 남자가 큰 기둥같은 것을
끌고 가고 있었다.
이 그룹의 사람들은 이 기둥 같은 것을 끌어서 옮기는 것이 벌이
었다.
회초리를 든 포졸의 옷을 입은 천사가 보였다.
즉 이곳에 있는 흰 옷 입은 무리들은 큰 나무 기둥을 어깨에 메고
질질 끌고 가면서 옮기는 것이 그들의 벌이었다.
나는 그중에 얼굴이 잘 보이는 그 젊은이에게 물었다.
'왜 여기 와 있느냐고?'
그리하였더니 말없는 말이 마음으로 전달되었다.
역시 내가 물은 것도 마음으로 물었다.

그리하였더니 그 청년이 말하기를 자기는 예수는 믿었는데 거짓말을 그렇게 양심에 가책이 없이 많이 하고 살았다는 것이다. 거짓말을 하는 것이 그렇게 죄라고 느끼지 않았다는 것이다.

오 마이 갓!

그렇다. 성경은 말한다.

'거짓말을 좋아하며 지어내는 자마다 성밖에 있으리라.' 주여! 그러니까 이 그룹은 거짓말을 좋아하여 지어내며 살았던 자들의 그룹인 것이다.

나는 그렇게만 대화하고 다시 주님과 함께 천국계단을 통하여 올라왔다.

올라와서는 나는 다시 주님께 이렇게 말했다.

"주님, 제게 백보좌 심판에 대한 질문이 있어요?"

라고 했더니 주님과 나는 벌써 요한의 집 앞 피크닉 테이블에 와 있었다.

[계 22:14-15]

(14)그 두루마기를 빠는 자들은 복이 있으니 이는 저희가 생명나무에 나아가며 문들을 통하여 성에 들어갈 권세를 얻으려 함이로다 (15)개들과 술객들과 행음자들과 살인자들과 우상 숭배자들과 및 거짓말을 좋아하며 지어내는 자마다 성밖에 있으리라

즉 이 성경구절에서 정확히 거짓말을 좋아하며 지어내는 자마다 성밖에 있으리라 말한다. 그러므로 우리 크리스천들은 그 입에서 거짓말을 제거하여야 할 것이다.

어떠한 거짓말도 하지 말아야 한다. 했으면 또 철저히 회개하는 삶을 살아야 한다. 그리고 돌이켜서 다시는 거짓말을 하지 않도록 노력하며 살아야 한다.

성경은 우리에게 이렇게 말씀하고 있다는 것을 잊지 말아야 할 것이다.

[마 18:3]
가라사대 진실로 너희에게 이르노니 너희가 돌이켜 어린 아이들과 같이 되지 아니하면 결단코 천국에 들어가지 못하리라

할렐루야. 아멘.

㉕

주님이 성밖으로 또 데리고 가시다.
거기에는 예수를 믿었으나 이기지 못한
삶을 산 자들이 여러 그룹들로
구분되어져서 그룹별로 다른 벌들을
받고 있었다.

(2015.5.16)

아침에 기도 후에 천국에 올라갔다.

말이 다섯 마리에서 분명히 어린 말이 하나 더 보였다.

즉 말이 다섯 마리였는데 이제 여섯 마리가 된 것이다.

이 마지막 여섯째의 말은 어른 말의 약 3/5한 크기 밖에 안 된다.

그러나 이 작은 여섯째 말이 앞으로 더 성장하여 어른 말같이 될

것을 알 수 있었다. 어쨌든 지금은 어린 말이다.

그리고 오늘따라 수레가 너무 아름답고 정교하게 보인다.

하얀 진주색에 황금색 장식이다.

나는 수레에서 내리니까 머리에 황금 링을 쓰고 있는 두 여성천사

들에 의하여 내가 보조를 받고 주님께로 인도함을 받고 있었다.

그런데 참으로 이상한 것은 오늘은 주님이 이미 저 밑에 내려가

계신 것이 보였다.

즉 수레가 도달한 그 천국 레벨보다 훨씬 아래에 가 계시는 것이었다.

그리고 늘 내가 보던 흰 옷을 입고 나를 환영하는 무리들은 정상적인 천국 레벨에 있었다.

즉 내가 늘 가는 천국 레벨보다 저 아래에 주님이 바닥에 서 계신 것이 보였다.

그래서 내 손을 잡고 주님께로 인도하던 황금 링을 쓴 두 천사가 내 손을 놓아버리니까 나는 순식간에 주님이 계신 저 아래로 내려가게 되었다.

그리고 주님은 거기서 즉 천국 레벨보다 더 아래에서 나를 만나주신 것이다.

나는 마음으로 '주님, 왜 여기 계세요?' 라고 물었다.

그랬더니 주님이 역시 마음으로 대답을 하신다.

'너는 늘 여기에 오고 싶어 하지 않았니?' 라고 말씀하신다.

그렇다. 나는 늘 여기가 궁금해 하였다.

즉 여기는 사람들이 지상에서 예수는 믿었으나 이기지 못하는 삶을 산 자들이 가는 곳이다.

이 곳은 영원한 불못이 아닌, 새 하늘과 새 땅이면서 하나님의 영광이 해같이 빛나는 새 예루살렘 성 바깥(성밖)인 것이다.

그리고 나는 즉시 여기서 여기 저기에 서 있는 조선시대의 포졸들 같은 갑옷을 입은 천사들을 볼 수 있었다. 이들은 이곳을 관리하는 천사들이다.

그리고 이곳은 바로 내가 이전에 천국 레벨에서 황금계단을 약
100개 내지 150개 정도 내려갔을 때에 갔던 성 바깥인 것이다.
주님은 내가 천국에 올라오자마자 나를 이 천국 레벨보다 아래인
이 성 바깥에서 나를 맞이하고 계셨다.

[계 22:14-15]
(14)그 두루마기를 빠는 자들은 복이 있으니 이는 저희가 생명
나무에 나아가며 문들을 통하여 성에 들어갈 권세를 얻으려 함
이로다 (15)개들과 술객들과 행음자들과 살인자들과 우상 숭배
자들과 및 거짓말을 좋아하며 지어내는 자마다 성밖에 있으리라

나는 이전에 여기서 흰 옷 입은 젊은 자들이 손이 뒤로 묶여 쭉 나
열하듯이 앉아 있었고 그들은 하나씩 불려나가서 매를 맞고 들어
와 슬피 울고 있는 것을 보았었다.

그 그룹의 젊은 자들이 보였다. 그들은 이전에 내가 보았던 흰 옷
입고 앉아 있는 자들의 그룹이었다.

조금 지나가니 또 다른 그룹이 나오는데 이들은 손이 뒤로 묶여 앉
아 있으면서 입으로 열심히 무엇인가를 나르고 있었다.

주님과 나는 이 두 그룹을 지나서 다른 그룹들이 있는 곳으로 갔
는데 이 또 한 그룹은 공원 같은 곳에서 사람들이 앉는 좌석들이
있고 그 앞에 대리석 같은 테이블들이 쭉 놓여 있는 곳과 같은 곳

인데 흰 옷 입은 사람들이 그 테이블 같은 곳에 누워서 바위를 배 위에 얹고서는 움직이지 못하고 있는 벌을 받고 있는 것이 보였다. 주님과 나는 또 이 그룹을 지나서 갔다.

그리고 더 들어가니 골짜기로 이어지면서 쇠창살들이 보였는데 오 마이 갓!

이전에 와 보았던 곳이다.

유명한 목사들이 갇혀 있는 곳이다. 그 곳은 쇠창살 안에 한 사람 씩 흰 옷 입은 자들이 들어 있었다.

제일 먼저 보인 자가 바로 내가 천국과 지옥간증 제 1집에 기록한 그 목사님인데 주님은 그에게 '그는 내 영광을 훔쳤느니라.' 하 셨던 그 목사님이셨다.

그리고 주님이 이 목사님에게 다시 말씀하셨던 것이 생각났다.

'너에 대한 심판은 이미 끝났느니라.'

그는 평생 목회의 일을 하면서 하나님의 영광을 훔친 자였다.

그는 주님으로부터 여러 번 경고함을 받았음에도 불구하고 회개 하지 않고 그는 계속 자신이 높아지는 길을 택했다. 그래서 그는 지금 여기 와 있는 것이다.

그는 사람들로부터 자신이 주님보다 더 영광을 받았던 것이다.

주님과 나는 그곳을 지나 또 다른 곳으로 갔다.

하여간 이 성밖에서는 여러 종류의 그룹들이 여러 종류의 다양한 다른 벌들을 받고 있었다.

그 다음에 보인 그룹은 큰 나무 기둥을 어깨에 매고서 힘겹게 끌고 가는 그룹이었다. 나는 그중의 한 명에게 물었다.

'왜 여기에 와 있느냐고?'

그가 말한다. 자기는 평생 거짓말을 하면서 살았다고 한다.

그는 예수를 믿으면서도 별로 양심의 가책을 받지 않고 거짓말을 하고 살았다고 했다. 그래서 자기는 여기 와서 이렇게 벌을 받는다 하였다.

그러므로 이러한 죄를 지은 자들은 성안으로 들어가지 못하고 이렇게 성밖에서 벌을 받으면서 슬피 울며 이를 갈게 되는 것이다.

미리 알려주시고 경고하여 주시는 주님을 찬양합니다!

할렐루야.

주님 감사합니다. 이렇게 다시 한 번 오늘 이런 곳이 있다는 것을 확인시켜 주셔서.

할렐루야.

그러고서는 주님과 나는 다시 천국의 레벨로 올라왔는데 계단을 통하지 않고 그냥 위로 솟아서 올라왔다.

할렐루야.

천국에서는 무엇이든지 가능하다.

걷는 것도 나는 것도...........할렐루야!

VI. 새 하늘과 새 땅의
새 예루살렘 성밖은 어디인가?

①

먼저 예수님이 하신 말씀을 보도록 하자.

마태복음 24장에는 지혜로운 청지기에 대하여 주님이 이렇게 말씀하고 계신다.

[마 24:45-51]
(45)충성되고 지혜 있는 종이 되어 주인에게 그 집 사람들을 맡아 때를 따라 양식을 나눠 줄 자가 누구뇨 (46)주인이 올 때에 그 종의 이렇게 하는 것을 보면 그 종이 복이 있으리로다 (47)내가 진실로 너희에게 이르노니 주인이 그 모든 소유를 저에게 맡기리라 (48)만일 그 악한 종이 마음에 생각하기를 주인이 더디 오리라 하여 (49)동무들을 때리며 술친구들로 더불어 먹고 마시게 되면 (50)생각지 않은 날 알지 못하는 시간에 그 종의 주인이 이르러 (51)엄히 때리고 외식 하는 자의 받는 율에 처하리니 거기서 슬피 울며 이를 갊이 있으리라

여기서 슬피 울며 이를 가는 장소가 어딜까 하는 것이다.

[마 25:24-30]
(24)한 달란트 받았던 자도 와서 가로되 주여 당신은 굳은 사람이라 심지 않은데서 거두고 헤치지 않은데서 모으는 줄을 내가 알았으므로 (25)두려워하여 나가서 당신의 달란트를 땅에 감추어 두었었나이다 보소서 당신의 것을 받으셨나이다 (26)그 주인이 대답하여 가로되 악하고 게으른 종아 나는 심지 않은 데서 거두고 헤치지 않은데서 모으는 줄로 네가 알았느냐 (27)그러면 네가 마땅히 내 돈을 취리하는 자들에게나 두었다가 나로 돌아 와서 내 본전과 변리를 받게 할 것이니라 하고 (28)그에게서 그 한 달란트를 빼앗아 열 달란트 가진 자에게 주어라 (29)무릇 있는 자는 받아 족하게 되고 없는 자는 그 있는 것까지 빼앗기리라 (30)이 무익한 종을 바깥 어두운 데로 내어쫓으라 거기서 슬피 울며 이를 갊이 있으리라 하니라

여기서도 30절에 '바깥 어두운데' 라는 말이 나오고 '거기서 슬피 울며 이를 갊이 있으리라' 고 말한다. 여기가 어디일까 하는 것이다.

두 군데 다 성경은 주인과 종의 관계를 말하고 있다.
이 세상에는 두 가지 종류의 종들이 있다.
하나는 하나님의 종들과 다른 하나는 마귀의 종들 딱 두 가지뿐인 것이다.

그러므로 여기서 주인과 종의 관계는 예수님과 그리고 그를 믿는 자들의 관계를 말한다고 할 수 있다.

[마 25:13-30]

(13)그런즉 깨어 있으라 너희는 그 날과 그 시를 알지 못하느니라 (14)또 어떤 사람이 타국에 갈제 그 종들을 불러 자기 소유를 맡김과 같으니 (15)각각 그 재능대로 하나에게는 금 다섯 달란트를, 하나에게는 두 달란트를, 하나에게는 한 달란트를 주고 떠났더니 (16)다섯 달란트 받은 자는 바로 가서 그것으로 장사하여 또 다섯 달란트를 남기고 (17)두 달란트 받은 자도 그같이 하여 또 두 달란트를 남겼으되 (18)한 달란트 받은 자는 가서 땅을 파고 그 주인의 돈을 감추어 두었더니 (19)오랜 후에 그 종들의 주인이 돌아와 저희와 회계할새 (20)다섯 달란트 받았던 자는 다섯 달란트를 더 가지고 와서 가로되 주여 내게 다섯 달란트를 주셨는데 보소서 내가 또 다섯 달란트를 남겼나이다 (21)그 주인이 이르되 잘 하였도다 착하고 충성된 종아 네가 작은 일에 충성하였으매 내가 많은 것으로 네게 맡기리니 네 주인의 즐거움에 참예할지어다 하고 (22)두 달란트 받았던 자도 와서 가로되 주여 내게 두 달란트를 주셨는데 보소서 내가 또 두 달란트를 남겼나이다 (23)그 주인이 이르되 잘 하였도다 착하고 충성된 종아 네가 작은 일에 충성하였으매 내가 많은 것으로 네게 맡기리니 네 주인의 즐거움에 참예할지어다 하고 (24)한 달란트 받았던 자도 와서 가로되 주여 당신은 굳은 사람이라 심지 않은데서 거두고 헤치지 않은데서 모으는 줄을 내가 알았으므로 (25)두려워하여 나가서 당

신의 달란트를 땅에 감추어 두었었나이다 보소서 당신의 것을 받으셨나이다 (26)그 주인이 대답하여 가로되 악하고 게으른 종아 나는 심지 않은 데서 거두고 헤치지 않은데서 모으는 줄로 네가 알았느냐 (27)그러면 네가 마땅히 내 돈을 취리하는 자들에게나 두었다가 나로 돌아 와서 내 본전과 변리를 받게 할 것이니라 하고 (28)그에게서 그 한 달란트를 빼앗아 열 달란트 가진 자에게 주어라 (29)무릇 있는 자는 받아 족하게 되고 없는 자는 그 있는 것까지 빼앗기리라 (30)이 무익한 종을 바깥 어두운 데로 내어쫓으라 거기서 슬피 울며 이를 갊이 있으리라 하니라

즉 마태복음 25장 14절은 그 위의 마태복음 25장 1절 즉 천국은 열 처녀와 같으니 라는 말을 받고 있다. 즉 달란트 비유도 열 처녀 비유와 같이 동등하게 천국에서 일어나는 일을 말하고 있는 것이다.

여기서 천국은 새 하늘과 새 땅으로 봄이 옳다. 왜냐하면 열 처녀 중에서 지혜로운 다섯 처녀는 문안에 그리고 미련한 다섯 처녀는 문밖에 남게 되었으니까 말이다. 이 문밖도 새 땅이다.

그리하여 우리는 주님이 말씀하신 마태복음 25장의 열 처녀 비유를 유심히 볼 필요가 있는 것이다.

[마 25:1-13]
(1)그 때에 천국은 마치 등을 들고 신랑을 맞으러 나간 열 처녀

와 같다 하리니

이 1절에서 말하는 천국은 영어로는 'the kingdom of heaven' 으로 되어 있고 여기서 kingdom은 그 원어가 '바실레이아' 로서 '왕국' 이라는 뜻이고 여기서 heaven은 그 원어가 '우라노스' 로서 하나님의 처소라는 말인 것이다. 즉 총체적인 뜻은 하나님이 다스리는 왕국이라는 뜻이다.

(2) 그 중에 다섯은 미련하고 다섯은 슬기 있는지라
(3) 미련한 자들은 등을 가지되 기름을 가지지 아니하고
(4) 슬기 있는 자들은 그릇에 기름을 담아 등과 함께 가져갔더니
(5) 신랑이 더디 오므로 다 졸며 잘새
(6) 밤중에 소리가 나되 보라 신랑이로다 맞으러 나오라 하매
(7) 이에 그 처녀들이 다 일어나 등을 준비할새
(8) 미련한 자들이 슬기 있는 자들에게 이르되 우리 등불이 꺼져 가니 너희 기름을 좀 나눠 달라하거늘
(9) 슬기 있는 자들이 대답하여 가로되 우리와 너희의 쓰기에 다 부족할까 하노니 차라리 파는 자들에게 가서 너희 쓸 것을 사라 하니 (10) 저희가 사러 간 동안에 신랑이 오므로 예비하였던 자들은 함께 혼인 잔치에 들어가고 문은 닫힌지라

여기서 10절의 '문' 을 원어로 찾아보았더니 '뒤라' 라는 단어인데 이것은 '정문', '입구' 라는 뜻이다. 즉 정문이 닫힌 것이다. 그 문은 바로 혼인잔치로 들어가는 정문인 것이다.

천국 안에서 혼인잔치로 들어가는 정문이 있고 여기를 통하여 슬기로운 다섯 처녀는 그 문안으로 들어갔고 그러나 미련한 다섯 처녀는 그 정문이 닫히고 그 정문밖에 남은 것이다.

주님은 마태복음 25장 1절에서 '천국은 이와 같으니라' 고 표현하고 계시니까 이 모든 일들이 천국 안에서 일어나는 일이다.

그러므로 천국에는 문안으로 들어가는 자가 있고 문밖에 남는 자가 있다는 것이다. 할렐루야.

(11)그 후에 남은 처녀들이 와서 가로되 주여 주여 우리에게 열어 주소서

(12)대답하여 가로되 진실로 너희에게 이르노니 내가 너희를 알지 못하노라 하였느니라

(13)그런즉 깨어 있으라 너희는 그 날과 그 시를 알지 못하느니라

그런데 주님이 오실 때에 이 게으른 종들이 가는 즉 하나님의 뜻대로 살지 못한 종들이 가는 이 바깥 어두운데 슬피 울며 이를 가는 장소는 어디일까?

그리고 이 미련한 다섯 처녀가 남겨진 장소 문밖은 어디인가 하는 것이다.

이곳은 지옥은 아님이 분명하다.

왜냐하면 주님께서

지옥을 묘사하는 것은 이와 너무 다르기 때문이다.

[막 9:47-49]

(47) 만일 네 눈이 너를 범죄케 하거든 빼어 버리라 한 눈으로 하나님의 나라에 들어가는 것이 두 눈을 가지고 지옥에 던지우는 것보다 나으니라 (48) 거기는 구더기도 죽지 않고 불도 꺼지지 아니하느니라 (49) 사람마다 불로서 소금 치듯 함을 받으리라

여기서 지옥: hell: 원어 '게엔나' 인데 뜻은 '지옥' '영원한 형벌의 장소' 라는 뜻이다.

즉 동일하신 주님이 한 번은 지옥에 대하여 말씀하고 있고
또 다른 곳에서는 그냥 바깥 어두운데 슬피 울며 이를 가는 장소
즉 문밖을 말씀하고 있다는 것이다.

그러면 문 안은 어떠한 곳인가?

1) 주님과 혼인잔치가 일어나는 곳이다 (열처녀 비유).
2) 하나님의 영광이 해같이 빛나는 곳이다.

[계 21:21-23]

(21) 그 열 두 문은 열 두 진주니 문마다 한 진주요 성 (city)의 길은 맑은 유리 같은 정금이더라 (22)성안에 성전 (temple)을 내가 보지 못하였으니 이는 주 하나님 곧 전능하신 이와 및 어린 양이 그 성전이심이라 (23)그 성은 해나 달의 비췸이 쓸데 없으니 이는

하나님의 영광이 비취고 어린 양이 그 등이 되심이라

그러므로 이 문밖, 즉 바깥 어두운 데가 지옥이냐? 아니다.
왜냐하면 여기서 문은 성에 들어가는 열두 진주문을 말하기 때문
이다. 그러므로 문밖은 새 하늘과 새 땅인 것이다.
성경은 우리에게 동일한 것을 반복하여 말씀하고 있는 것을 본다.
즉 예수님은 그의 종들이 자신이 다시 돌아올 때까지 맡겨놓은 일
을 잘못하였을 때 바깥 어두운데 즉 문밖에 둔다 하셨다.

그런데 성경에서 사도 바울도 사도 요한도 동일하게 이러한 장소
를 말하고 있다는 것이다.

❷ 사도 바울은 여기에 대하여
어떻게 말하고 있나 보자

사도 바울은 갈라디아서 5장에서 예수를 믿는 자라도 이런 이런 일을 행하는 자들은 하나님의 나라를 유업으로 받지 못할 것이라고 말한다.

[갈 5:19-21]
(19)육체의 일은 현저하니 곧 음행과 더러운 것과 호색과 (20)우상 숭배와 술수와 원수를 맺는 것과 분쟁과 시기와 분냄과 당 짓는 것과 분리함과 이단과 (21)투기와 술 취함과 방탕함과 또 그와 같은 것들이라 전에 너희에게 경계한 것같이 경계하노니 이런 일을 하는 자들은 하나님의 나라를 유업으로 받지 못할 것이요

즉 사도 바울은 예수를 믿는다고 하는 갈라디아 교회 교인들에게 보내는 편지에서 이렇게 말하고 있는 것이다.

그리고 사도 바울이 한 말은 주님이 마태복음에서 한 말씀과 일치를 하고 있다.

[마 7:21]

나더러 주여 주여 하는 자마다 천국에 다 들어갈 것이 아니요 다만 하늘에 계신 내 아버지의 뜻대로 행하는 자라야 들어가리라

즉 하나님의 뜻대로 살지 못한 그리스도인들이 하나님의 영광이 해같이 빛나는 성안으로 들어가지 못함을 말하고 즉 미련한 다섯 처녀가 남게 된 그 문밖에 남게 됨을 말하고 있다.

이미 돌아가신 큰 대형 교회 목사님들이 이 성밖에 있었다.
한 분은 얼마 전에 돌아가신 분으로 주님은 그분이 여기 계신 이유는 하나님의 영광을 가로챘기 때문이라 하셨다.
그분은 바깥 어두운데 쇠창살 안에 흰 옷을 입고 앉아 계셨다.
그리고 그는 이렇게 소리치고 있었다.
"내가 왜 여기 있어야 해?"
"너희는 여기 오지마, 주의 종이라 하면서 하나님의 영광을 훔치면 나와 같이 이렇게 돼 제발 여기 오지마"

이곳이 지옥과 다른 점은

첫째, 여기에 있는 자들은 흰 옷을 입고 있다.
그러나 지옥에 있는 자들은 벌거벗고 있다.
둘째, 이 문밖 즉 성밖에 있는 자들은 다 나이가 젊다. 천국에 온 자들처럼. 그러나 지옥에는 그들이 죽을 때의 나이로 보인다.

셋째, 여기는 천사들이 다스리고 있고 지옥은 마귀의 부하들이 다스리고 있다.

넷째, 지옥은 천국 레벨에서 한참을 어두운 곳 터널을 통하여 내려 가나 여기는 단지 계단 약 150개 정도 내려가면 있다.

다섯째, 성밖에서 받는 벌은 아주 미약한 벌이나 지옥에서 받는 벌은 극한 형벌을 받고 있는 것이다.

여기는 새 하늘과 새 땅이지만 이기지 못하는 자들이 가는 곳으로 지옥이 아닌 즉 영원한 불못이 아닌 새 예루살렘 성밖으로 보인다.

이기는 자들은 성안에 하나님의 영광이 해같이 빛나는 성안, 그러나 이기지 못하는 자들은 바깥 어두운데 쫓겨나서 이 성밖에서 슬피 울며 이를 갈게 되는 것이다. 그럼에도 불구하고 여기는 새 하늘과 새 땅인 것이다.
할렐루야.

성밖이 하나님의 나라 성안과 다른 점은 하나님의 영광이 빛나지 아니하는 것이다.
그리고 생명수와 생명나무가 없다.
그리고 이곳에서는 공통적으로 슬피 울며 다 이를 간다.
그러나 이들은 지은 죄에 따라서 다 다르게 벌을 받고 있다. 다음은 내가 그곳에서 본 다른 벌들을 받고 있는 각기 다른 그룹들이다.

1) 뒤로 손이 묶인 채로 앉아 있다가 하나씩 불려나가 매를 맞는 그룹

2) 쇠창살 안에 들어가 있는 그룹

3) 손이 뒤로 묶여 있으면서 뱀이 상체를 감고 있는 그룹

4) 돌이 배 위에 얹어져 있으면서 누워 있는 그룹

5) 큰 나무기둥을 나르고 있는 그룹

6) 뒤로 손이 묶인 채로 앉아서 입으로 계속 무엇인가를 옮기고 있
   는 그룹

7) 좁고 좁은 데를 통과하면서 아픔을 느껴야 하는 그룹

그러나 지옥의 형벌들은 벌거벗은 채로 불에 타고, 신체가 절단 나고, 창에 찔리고, 사지가 끊겨나가고, 벌레가 죽지 않고 그들을 괴롭히며, 뱀들이 그들을 집어 삼키고 씹어 먹기도 하고, 진흙연 못 벌레연못에 잠기기도 하고.... 죽지 않고 죽고 싶어도 안 죽어 지며, 몸이 끊겨 나가도 그 잘려진 몸이 다 고통을 느끼는 엄청난 형벌을 받는 곳이다.

예수를 믿었으나 이들은 다시 이기는 자와 이기지 못하는 자로 나 뉘어지는데 오직 이기는 자들만이 천년왕국의 첫째부활에 참여하 게 될 것이다 (참조 : 서사라 목사의 천국과 지옥 간증수기 5, ' 계시록 이해' 의 책 요약편, 6. 첫째부활과 천년왕국).

③

성경에서 왜 이들이 성안으로 못 들어가고 성밖에 있는지를 사도 요한이 계시록에서 말한 곳에서 알 수 있다.

(i) 계시록에서 주님이 일곱 교회에 보내는 편지에서 이기는 자와 이기지 못하는 자를 구분하고 있다.

예를 들어서 계시록 2장 7절을 보면

[계 2:7]
귀 있는 자는 성령이 교회들에게 하시는 말씀을 들을지어다 이기는 그에게는 내가 하나님의 낙원에 있는 생명나무의 과실을 주어 먹게 하리라

여기서 이기는 자는 첫사랑을 회복하는 자이다. 이런 자들만 낙원에 있는 생명나무의 과실을 주워 먹게 하시겠다는 약속이다. 그렇다면 이기지 못하는 자들은 생명나무의 과실을 먹지 못하게 될 것이다.

이 낙원에 있는 생명나무는 새 하늘과 새 땅에 새 예루살렘성이 하늘에서 내려올 때에 같이 내려온다. 그러하므로 이것을 먹는 자

는 성안에 들어가고 못 먹는자 즉 이기지 못하는 자는 성밖에 남
게 될 것이다.

또한 계시록 21장에서 이기는 자는 생명수 샘물을 값없이 마시게
된다고 말씀하신다. 그러나 이기지 못하는 자는 이 생명수 샘물을
먹지 못하게 될 것이다.

왜냐하면 성안에만 이 생명수 샘물이 있기 때문이다.

[계 21:6-7]

**(6)또 내게 말씀하시되 이루었도다 나는 알파와 오메가요 처음과
나중이라 내가 생명수 샘물로 목 마른 자에게 값없이 주리니 (7)
이기는 자는 이것들을 유업으로 얻으리라 나는 저의 하나님이 되
고 그는 내 아들이 되리라**

(ii) 계시록에서 두 번째로 새 하늘과 새 땅에서 성안과 성밖을 구분하고 있
　　는 곳을 다음에서 볼 수 있다.

[계 22:14-15]

**(14)그 두루마기를 빠는 자들은 복이 있으니 이는 저희가 생명
나무에 나아가며 문들을 통하여 성에 들어갈 권세를 얻으려 함
이로다**

여기서 문들을 원어로 보면 '입구'라는 뜻으로 도시에 진입로
를 말한다.

그리고여기성을보면원어로 '폴리스'라는말이며뜻은 'city' 즉
'성' 을 말한다.

즉 도시로 즉 성으로 들어가는 문이 있는 것이다.

이것은 계시록 22장에서 말하는 성은 새 하늘과 새 땅에 하늘에서 내려온 새 예루살렘성이다.

(15)개들과 술객들과 행음자들과 살인자들과 우상 숭배자들과 및 거짓말을 좋아하며 지어내는 자마다 성밖에 있으리라

여기서 '성밖'을 찾아보니 영어로는 'outside'라는 말이고 원어로는 '엑소'이며 그 뜻은 '밖에', '문밖'에 라는 것이다. 즉 여기서 '성밖'이란 열 처녀중 미련한 다섯 처녀가 남은 '문밖'과 동일한 장소인 것을 알 수 있다.

그러면 이 성밖은 어디에 있는 성밖인가 하면

[계 21:1-3]
(1)또 내가 새 하늘과 새 땅을 보니 처음 하늘과 처음 땅이 없어졌고 바다도 다시 있지 않더라 (2)또 내가 보매 거룩한 성 새 예루살렘이 하나님께로부터 하늘에서 내려오니 그 예비한 것이 신부가 남편을 위하여 단장한 것 같더라 (3)내가 들으니 보좌에서 큰 음성이 나서 가로되 보라 하나님의 장막이 사람들과 함께 있으매 하나님이 저희와 함께 거하시리니 저희는 하나님의 백성이 되고 하나님은 친히 저희와 함께 계셔서

계시록 21장 2절에 나오는 새 하늘과 새 땅에 내려온 새 예루살렘

성의 바깥 즉 성밖이라는 사실을 알 수가 있는 것이다.
성경은 계시록 22장 15절에 나오는 개들에 대하여 이사야서에서
다음과 같이 말하고 있다.

[사 56:9-12]
(9)들의 짐승들아 삼림 중의 짐승들아 다 와서 삼키라 (10)그 파
숫군들은 소경이요 다 무지하며 벙어리 개라 능히 짖지 못하며 다
꿈꾸는 자요 누운 자요 잠자기를 좋아하는 자니 (11)이 개들은 탐
욕이 심하여 족한 줄을 알지 못하는 자요 그들은 몰각한 목자들
이라 다 자기 길로 돌이키며 어디 있는 자이든지 자기 이만 도모
하며 (12)피차 이르기를 오라 내가 포도주를 가져오리라 우리가
독주를 잔뜩 먹자 내일도 오늘 같이 또 크게 넘치리라 하느니라

즉 성경은 몰각한 목자들을 개들이라 표현하고 있다.
그러므로 하나님께 충실하지 못한 목자들은 다 이곳으로 오는 것
이다.

④

또 성경은 생명책에서
이름이 지워지는 경우를 말하고 있다.

이러한 경우는 지옥에 간다.

[계 20:15]
누구든지 생명책에 기록되지 못한 자는 불못에 던지우더라

생명책에 이름이 한 번 적히면 그대로 있는 것이 아니라
지워지는 경우가 있다는 것을 성경이 말하고 있다.

왜냐하면 다음의 성경구절들이 그것을 뒷받침하고 있다.

[눅 10:20]
**그러나 귀신들이 너희에게 항복하는 것으로 기뻐하지 말고
너희 이름이 하늘에 기록된 것으로 기뻐하라 하시니라**

[출 32:32-33]
**(32)그러나 합의하시면 이제 그들의 죄를 사하시옵소서 그렇지
않사오면 원컨대 주의 기록하신 책에서 내 이름을 지워 버려주옵
소서 (33)여호와께서 모세에게 이르시되 누구든지 내게 범죄하
면 그는 내가 내 책에서 지워버리리라**

그러므로 사도 바울은 이것을 알고 다음과 같이 말하고 있다.

[빌 2:12]
그러므로 나의 사랑하는 자들아 너희가 나 있을 때 뿐 아니라 더욱 지금 나 없을 때에도 항상 복종하여 두렵고 떨림으로 너희 구원을 이루라

즉 생명책에 이름이 적혀졌다 할지라도 명백히 지워지는 경우가 있는 것이다.

나는 목사님들이 가는 지옥을 보았다. 이 말은 평생 예수를 믿고 목사를 하였어도 지옥에 와 있더라는 것이다 (참조: 이 지옥편 책의 Part II, 지옥편 제 2부, 90. 주의 종들이 가는 지옥을 보다).

여기에는 네 종류의 죄를 지은 목사님들이 와 있었다.
지옥의 마귀 부하가 나에게 가르쳐준 것이다.

첫째, 교회를 팔아 먹은 자
둘째, 하나님의 돈을 마음대로 자기 것처럼 쓴 자
셋째, 평생 여자와 불륜의 관계를 가진 자
넷째, 주일날 설교를 잘하고 와서 집에 와서는 사모를 구타한 자들이 지옥에 와 있었다.

이들은 분명 예수를 믿고 거듭났음에도 불구하고 이러한 죄를 지음으로 말미암아 지옥에 와 있는 것이다.

그러면 목사들도 지옥에 와 있으면 평신도들은 어떻겠는가? 마찬
가지이다.

나는 주님께 물었다.
"주님 목사님들이 예수를 믿었어도 여기 오나요?"
주님은 대답 대신 나에게 성경 구절을 생각나게 하여 주셨다.

[마 5:22]
나는 너희에게 이르노니 형제에게 노하는 자마다 심판을 받게 되
고 형제를 대하여 라가라 하는 자는 공회에 잡히게 되고 미련한
놈이라 하는 자는 지옥 불에 들어가게 되리라

[마 18:8-9]
(8)만일 네 손이나 네 발이 너를 범죄케 하거든 찍어 내버리라 불
구자나 절뚝발이로 영생에 들어가는 것이 두 손과 두 발을 가지
고 영원한 불에 던지우는 것보다 나으니라 (9)만일 네 눈이 너를
범죄케 하거든 빼어 내버리라 한 눈으로 영생에 들어가는 것이 두
눈을 가지고 지옥 불에 던지우는 것보다 나으니라

즉 이 사람들은 범죄하고도 회개하여 돌이키지 아니하고 계속 동
일한 죄를 짓다가 그 영혼을 완전히 마귀에게 팔아먹은 목사들이

라는 것을 알 수 있었다.

이러한 경우가 도대체 성경 어디에서 말하고 있는가? 하는 것이다.

그것은 히브리서에 보면 한 번 비췸을 받고 타락한 자는 다시 예수 그리스도를 십자가에 못 박을 수 없다고 했다. 즉 사후의 삶에서 용서함을 받을 수 없는 것이다.

[히 6:4-8]
(4)한번 비췸을 얻고 하늘의 은사를 맛보고 성령에 참예한 바 되고 (5)하나님의 선한 말씀과 내세의 능력을 맛보고 (6)타락한 자들은 다시 새롭게 하여 회개케 할 수 없나니 이는 자기가 하나님의 아들을 다시 십자가에 못박아 현저히 욕을 보임이라 (7)땅이 그 위에 자주 내리는 비를 흡수하여 밭 가는 자들의 쓰기에 합당한 채소를 내면 하나님께 복을 받고 (8)만일 가시와 엉겅퀴를 내면 버림을 당하고 저주함에 가까와 그 마지막은 불사름이 되리라

그러므로 예수를 믿었어도 생명책에 이름이 지워져서 지옥 가는 경우 세 가지를 성경은 말하고 있다.

(i) 히브리서 6장 4절에서 6절에서 말하는 경우이다.

한번 비췸을 받고 구원을 받았었으나 타락하는 경우인 것이다.

[히 6:4-6]

(4)한번 비침을 얻고 하늘의 은사를 맛보고 성령에 참예한 바 되고 (5)하나님의 선한 말씀과 내세의 능력을 맛보고 (6)타락한 자들은 다시 새롭게 하여 회개케 할 수 없나니 이는 자기가 하나님의 아들을 다시 십자가에 못박아 현저히 욕을 보임이라

여기에는 목사나 평신도나 다 해당된다.

(ii) 짐승의 표 666표를 받는 경우이다

[계 14: 9-11]

(9) 또 다른 천사 곧 세째가 그 뒤를 따라 큰 음성으로 가로되 만일 누구든지 짐승과 그의 우상에게 경배하고 이마에나 손에 표를 받으면 (10) 그도 하나님의 진노의 포도주를 마시리니 그 진노의 잔에 섞인 것이 없이 부은 포도주라 거룩한 천사들 앞과 어린양 앞에서 불과 유황으로 고난을 받으리니 (11) 그 고난의 연기가 세세토록 올라가리로다 짐승과 그의 우상에게 경배하고 그 이름의 표를 받는 자는 누구든지 밤낮 쉼을 얻지 못하리라 하더라

(iii) 성령훼방죄를 짓는 경우이다.

[막 3:28-30]

(28) 내가 진실로 너희에게 이르노니 사람의 모든 죄와 무릇 훼방하는 훼방은 사하심을 얻되 (29) 누구든지 성령을 훼방하는 자는 사하심을 영원히 얻지 못하고 영원한 죄에 처하느니라 하시니 (30) 이는 저희가 말하기를 더러운 귀신이 들렸다 함이러라

주의 종을 욕하고 비난하거나 교회를 깨고 분당시키는 자들이 성령훼방죄로 지옥에 가있다. 여기에는 사모들, 같은 주의 종이면서 주의 종들을 비난한 자들, 평신도들, 교회를 분당시킨 장로들이 와 있다.

5. 그러면 누가 성경에서 말하는 하나님의 영광이 해같이 빛나는 새 예루살렘 성안으로 들어가는가?

첫째, 소위 이기는 자들이다. 예수님께서는 일곱 교회에 보내는 편지 속에서 이기는 자들만이 성안에 들어갈 것을 말씀하고 계신다.

[계 2:7]

귀 있는 자는 성령이 교회들에게 하시는 말씀을 들을지어다
이기는 그에게는 내가 하나님의 낙원에 있는 생명나무의 과실을 주어 먹게 하리라

그러면 소위 이 이기는 자들이 누구냐? 도대체 어떤 자들인가 하는 것이다. 얼마만큼 주님을 사랑하는 자들인가 하는 것이다. 그리하여 나는 천상에서 주님께 물었다.

'주님, 누가 이기는 자들입니까?' 하고.

그리하였을 때에 주님이 대답하셨다.

'다니엘, 사드락, 메삭, 아벳느고이니라.' 라고 말이다.

즉 이들은 자기 목숨보다 하나님을 더 사랑한 자들이었다.

할렐루야. 주님은 이들을 이기는 자들이라 하셨다.

[눅 10:27]

대답하여 가로되 네 마음을 다하며 목숨을 다하며 힘을 다하며 뜻을 다하여 주 너의 하나님을 사랑하고 또한 네 이웃을 네 몸과 같이 사랑하라 하였나이다

[막 8:35]

누구든지 제 목숨을 구원코자 하면 잃을 것이요 누구든지 나와 복음을 위하여 제 목숨을 잃으면 구원하리라

두 번째로, 철저히 회개하는 자들이다.

[계 22:14]

그 두루마기를 빠는 자들은 복이 있으니 이는 저희가 생명나무에 나아가며 문들을 통하여 성에 들어갈 권세를 얻으려 함이로다

천상에서 나는 아벨을 만나 물었다.

'아벨, 이 세상 사람들에게 하고 싶은 말 한마디만 해주세요?'

하였을 때에 아벨은 이렇게 말했다.

세상에 가거든 세상 사람들에게 이렇게 전해주세요.

"철저히 회개하면 천국에 들어온다고요."

즉 철저히 회개하면 하나님의 영광이 해같이 빛나는 성안으로 들어간다는 것이다. 계시록 22장 14절에서 말씀하시는 것처럼 말이다. 할렐루야.

세 번째로, 육체의 일을 도모하지 않고 영의 생각을 좇아서 산 자들이다. 이러한 자들이 하나님의 나라를 유업으로 받게 될 것이다.

[롬 8:5-8]

(5) 육신을 좇는 자는 육신의 일을, 영을 좇는 자는 영의 일을 생각하나니 (6) 육신의 생각은 사망이요 영의 생각은 생명과 평안이니라 (7) 육신의 생각은 하나님과 원수가 되나니 이는 하나님의 법에 굴복치 아니할 뿐 아니라 할 수도 없음이라 (8) 육신에 있는 자들은 하나님을 기쁘시게 할 수 없느니라

[갈 5:19-21]

(19)육체의 일은 현저하니 곧 음행과 더러운 것과 호색과 (20)우상 숭배와 술수와 원수를 맺는 것과 분쟁과 시기와 분냄과 당 짓는 것과 분리함과 이단과 (21)투기와 술 취함과 방탕함과 또 그

와 같은 것들이라 전에 너희에게 경계한 것같이 경계하노니 이런 일을 하는 자들은 하나님의 나라를 유업으로 받지 못할 것이요

그러므로 같은 신앙인이라 할지라도 육체에게 져서 육체대로 사는 자는 하나님의 나라를 유업으로 받지 못할 것이다.
그러나 영으로서 육체를 제압하고 사는 자는 새 하늘과 새 땅의 새 예루살렘 성안으로 들어가게 될 것이다.
즉 하나님의 영광이 해같이 빛나는 하나님의 나라(성안)를 유업으로 받게 될 것이다. 할렐루야.

네 번째로, 하나님의 뜻대로 사는 자들이다.

성경은 다음과 같이 말한다.

[마 7:21]
나더러 주여 주여 하는 자마다 천국에 다 들어갈 것이 아니요 다만 하늘에 계신 내 아버지의 뜻대로 행하는 자라야 들어가리라

즉 하나님의 뜻대로 사는 자들만이 천국의 새 예루살렘 성안으로 들어가는 것이다.
주여 주여 하면서 하나님의 뜻대로 살지 못하고 불법을 행한 자들은 다 성밖에 남게 될 것이다.
할렐루야.

다섯 번째로, 하나님의 말씀을 인내로 끝까지 지켜내는 자들인 것이다.

주님은 빌라델비아 교회 교인들에게 이렇게 말씀하신다.
[계 3:10]
네가 나의 인내의 말씀을 지켰은즉 내가 또한 너를 지키어 시험의 때를 면하게 하리니 이는 장차 온 세상에 임하여 땅에 거하는 자들을 시험할 때라

즉 이들에게는 주님께서 열린문을 두었다고 하셨다.
이 열린문의 의미는 첫째는 휴거의 열린문이고 두 번째는 바로 이 성안으로 들어가는 문이 열려 있다고 하셨다 (참조: 서사라 목사의 천국 지옥 간증수기 5, '계시록 이해'의 책의 13. 빌라델피아 교회에 주님이 열어놓으신 열린 문의 의미).

그러나 이 모든 다섯 가지 경우를 사도 바울은 다음의 한 마디로 표현하고 있다는 것이다. 그것은 갈라디아서 2장 20절 말씀이다.

[갈 2:20]
내가 그리스도와 함께 십자가에 못박혔나니 그런즉 이제는 내가 산 것이 아니요 오직 내 안에 그리스도께서 사신 것이라 이제 내가 육체 가운데 사는 것은 나를 사랑하사 나를 위하여 자기 몸을 버리신 하나님의 아들을 믿는 믿음 안에서 사는 것이라

즉 우리가 이렇게만 살게 되면 즉 내 안에 예수가 살게 되면 우리는 반드시 이기는 자들이 되어져서 반드시 새 예루살렘 성안에 들어가게 될 것이다.

그리하여 사도 바울은 이것이 너무 중요하므로 복음을 전하여 거듭난 자들에게 이렇게 말하고 있다.

내가 너희를 위하여 해산하는 수고를 다시 한다고 했다.

[갈 4:19]
나의 자녀들아 너희 속에 그리스도의 형상이 이루기까지 다시 너희를 위하여 해산하는 수고를 하노니

그러므로 우리가 비록 예수를 믿는 것 그것 자체가 우리로 하여금 영원한 불못은 면하게 하였어도 우리 안에 그리스도의 형상을 이루지 못하면 결코 성안으로 들어가지 못할 것이다.

그래서 사도 바울은 또 우리에게 이렇게 말하고 있는 것이다.

[빌 2:12]
그러므로 나의 사랑하는 자들아 너희가 나 있을 때 뿐 아니라 더욱 지금 나 없을 때에도 항상 복종하여 두렵고 떨림으로 너희 구원을 이루라

아멘 아멘이다.

우리는 이기는 자로서 성안으로 들어가기 위하여서는 예수를 믿
고 나서 결코 자신을 위하여 사는 자가 되어서는 안 되는 것이다.
예수를 믿고 거듭난 이후에는 반드시 하나님과 하나님의 나라를
위하여 사는 자들이 되어야 하고 자신은 성화되어 그 안에 예수님
의 형상이 이루어져야 새 하늘과 새 땅의 하나님의 영광이 해같이
빛나는 성안으로 들어가게 될 것이다. 할렐루야.

마지막으로 성경은 이기는 자와 이기지 못하는 자에 대한 말씀으
로서 공력심판에 대하여 말씀하고 있다.

[고전 3:11-15]
(11)이 닦아 둔 것 외에 능히 다른 터를 닦아 둘 자가 없으니 이
터는 곧 예수 그리스도라 (12)만일 누구든지 금이나 은이나 보석
이나 나무나 풀이나 짚으로 이 터 위에 세우면 (13)각각 공력이
나타날 터인데 그 날이 공력을 밝히리니 이는 불로 나타내고 그
불이 각 사람의 공력이 어떠한 것을 시험할 것임이니라 (14)만일
누구든지 그 위에 세운 공력이 그대로 있으면 상을 받고 (15)누
구든지 공력이 불타면 해를 받으리니 그러나 자기는 구원을 얻되
불 가운데서 얻은 것 같으리라

불가운데 구원받는 것과 같은 것이 영원한 불못에서는 구원을 받
으나 새 하늘과 새 땅에 새 예루살렘 성안으로는 못 들어가는 것

이다. 성밖에 남게 되는 것이다. 그리하여 거기서 슬피 울며 이를 갈게 된다.

성경은 풀무불에서도 슬피 울며 이를 간다고 하는데 거기서도 극심한 형벌사이사이에 슬피 울며 이를 갈 때도 있게 될 것이다.

[마 13:49-50]
(49)세상 끝에도 이러하리라 천사들이 와서 의인 중에서 악인을 갈라내어 (50)무 불에 던져 넣으리니 거기서 울며 이를 갊이 있으리라

여기서 의인과 악인은 알곡과 가라지로서
의인은 생명책에 이름이 있는 자를 말하고 악인은 생명책에 이름이 없는 자를 말한다.
이들도 풀무불에 던져지게 되면 극심한 지옥의 형벌사이사이에 울며 이를 갈 시간도 있으리라.

사람들은 이것을 가지고 예수님이 말씀하신 하나님의 종들이면서도 게으르고 악한 자는 바깥 어두운데 슬피 울며 이를 가는 장소로 가게 되는 것을 지옥이라고 말한다. 아니다.
이 장소는 지옥과는 다르다. 이들 성밖에 있는 자들은 자신들이 천국안 (하나님의 영광이 해같이 빛나는 성안) 에 들어가지 못하여 슬피 울며 이를 가는 것이고 다른 하나는 정말 지옥에서 극한 형벌 속에서 사실 울며 이를 갈 시간조차 없는 시간 속에서 형벌사이사이에 울며 이를 가는 현상이 있음을 말하고 있을 뿐이다. 우리 그리스도인들은 이 두 군데 다 가지 말아야 한다.

VII. 그러면 마지막으로 계시록 21장 8절과 계시록 22장 15절이 어떻게 다른가? 하는 것이다.

그리고

계시록 21장 6-7절에서 이기는 자는 생명수 샘물을 한없이 먹게 하겠다는 말이 나오고

[계 21:6-8]

(6)또 내게 말씀하시되 이루었도다 나는 알파와 오메가요 처음과 나중이라 내가 생명수 샘물로 목 마른 자에게 값 없이 주리니 (7) 이기는 자는 이것들을 유업으로 얻으리라 나는 저의 하나님이 되고 그는 내 아들이 되리라 (8)그러나 두려워하는 자들과 믿지 아니하는 자들과 흉악한 자들과 살인자들과 행음자들과 술객들과 우상 숭배자들과 모든 거짓말하는 자들은 불과 유황으로 타는 못에 참예하리니 이것이 둘째 사망이라

그러므로 이기지 못하는 자들은 두 부류이다.

그러나 계시록 21장 8절에서

두려워하는 자들과 믿지 아니하는 자들은 불못에 던지우더라 하

루살렘이 하나님께로부터 하늘에서 내려오니 그 예비한 것이 신부가 남편을 위하여 단장한 것 같더라 (3)내가 들으니 보좌에서 큰 음성이 나서 가로되 보라 하나님의 장막이 사람들과 함께 있으매 하나님이 저희와 함께 거하시리니 저희는 하나님의 백성이 되고 하나님은 친히 저희와 함께 계셔서

그래서 여기서도 주님은 나를 보고 계시록을 이해할 때에 '글자 안에 내용이 다 있다.' 라고 하신 말씀이 맞았다.

계시록 22장 14절을 다시 보면 두루마기를 빠는 자들은 복이 있으니 그들이 성안으로 들어갈 권세를 얻는다 하였다.
즉 문안으로 들어갈 권세를 얻는다 했다. 회개를 함으로써 말이다.

그러므로 이기지 못하는 자들은 두 부류이다.
한 부류는 불못에 던지우는 자들이고 다른 부류는 지옥은 아니나 새 하늘과 새 땅에서 새 예루살렘성밖으로 쫓겨나는 자들인 것이다. 불가운데 구원받는 자들인 것이다.
할렐루야.

그러므로 기록된 글자가 중요하다.
하나는 분명히 '불못' 이라고 또 다른 하나는 분명히 '성밖' 이라고 말씀하고 있다.

[계 21:8]
그러나 두려워하는 자들과 믿지 아니하는 자들과 흉악한 자들과 살인자들과 행음자들과 술객들과 우상 숭배자들과 모든 거짓말하는 자들은 불과 유황으로 타는 못에 참예하리니 이것이 둘째 사망이라

[계 22:15]
개들과 술객들과 행음자들과 살인자들과 우상 숭배자들과 및 거짓말을 좋아하며 지어내는 자마다 성밖에 있으리라

계시록 21장 8절에서 두려워하는 자들과 믿지 아니하는 자들을 빼면 그 나머지는 계시록 22장 15절의 개들만 빼고는 거짓말하고 음행하고 살인하고 우상숭배하는 자들이라는 항목이 같다.

그런데 왜 하나는 지옥에 떨어지고 하나는 성밖이냐 하는 것이다.

계시록 21장 8절에서 이러한 자들은 분명히 불못에 간다.
왜냐하면 간다고 되어 있기 때문이다. 그러나 계시록 22장 15절에서 분명히 동일한 항목들이지만 이들은 성밖으로 간다라고 되어 있다.

이 차이는 무엇인가 하는 것이다.
우리가 죄를 지어도 양심에 화인을 맞아서 성령이 떠나는 경우가 계시록 21장 8절이라고 본다면 그래서 이런 경우는 히브리서 6

장 4-6절 한번 비췸을 받고 타락한 경우에 속하여 지옥으로 떨어지지만

그러나 같은 죄의 항목이더라도 계시록 22장 15절에 성밖으로 쫓겨나는 자들은 아직 성령이 떠나지 아니한 즉 양심에 화인 맞은 상태는 아니라는 것이다.

한쪽은 주님이 완전히 버린 경우이고 한쪽은 성령이 아직 그 안에 계신 경우이다.

할렐루야.

[히 6:4-8]
(4)한번 비췸을 얻고 하늘의 은사를 맛보고 성령에 참예한 바 되고 (5)하나님의 선한 말씀과 내세의 능력을 맛보고 (6)타락한 자들은 다시 새롭게 하여 회개케 할 수 없나니 이는 자기가 하나님의 아들을 다시 십자가에 못박아 현저히 욕을 보임이라 (7)땅이 그 위에 자주 내리는 비를 흡수하여 밭 가는 자들의 쓰기에 합당한 채소를 내면 하나님께 복을 받고 (8)만일 가시와 엉겅퀴를 내면 버림을 당하고 저주함에 가까와 그 마지막은 불사름이 되리라

그래서 천상에서 주님께서 나에게 이렇게 물으셨다.
'계시록이 무엇으로 기록되어 있느냐?'
나는 이렇게 대답했다.
'네 주님, 글자로 기록되어 있습니다.' 라고 했다.
그래서 이 부분이 또한 이해가 가는 것이다. 할렐루야.
그래서 주님이 불못이라 하면 불못이고 성밖이라 하면 성밖인 것

이다. 할렐루야.

그러므로 우리는 다시 사도 바울이 한 말을 생각한다.
[빌 2:5-11]
(5)너희 안에 이 마음을 품으라 곧 그리스도 예수의 마음이니 (6)그는 근본 하나님의 본체시나 하나님과 동등됨을 취할 것으로 여기지 아니하시고 (7)오히려 자기를 비어 종의 형체를 가져 사람들과 같이 되었고 (8)사람의 모양으로 나타나셨으매 자기를 낮추시고 죽기까지 복종하셨으니 곧 십자가에 죽으심이라 (9)이러므로 하나님이 그를 지극히 높여 모든 이름 위에 뛰어난 이름을 주사 (10)하늘에 있는 자들과 땅에 있는 자들과 땅 아래 있는 자들로 모든 무릎을 예수의 이름에 꿇게 하시고 (11)모든 입으로 예수 그리스도를 주라 시인하여 하나님 아버지께 영광을 돌리게 하셨느니라

[빌 2:12]
그러므로 나의 사랑하는 자들아 너희가 나 있을 때 뿐 아니라 더욱 지금 나 없을 때에도 항상 복종하여 두렵고 떨림으로 너희 구원을 이루라

아멘!

그러므로 염려하여 이르기를 무엇을 먹을까 무엇을 마실까 무엇을 입을까 하지 말라 이는 다 이방인들이 구하는 것이라 너희 천부께서 이 모든 것이 너희에게 있어야 할 줄을 아시느니라 너희는 먼저 그의 나라와 그의 의를 구하라 그리하면 이 모든 것을 너희에게 더하시리라 [마 6:31-33]

주라 그리하면 너희에게 줄 것이니 곧 후히 되어 누르고 흔들어 넘치도록 하여 너희에게 안겨 주리라 너희의 헤아리는 그 헤아림으로 너희도 헤아림을 도로 받을 것이니라 [눅 6:38]

천국과 지옥간증 수기 1권과 2권, 요한계시록 이해, 지옥편, 그리고 하나님의 인 책을 각 나라말로, 영어, 일어, 스페니쉬, 중국어, 힌두어, 프랑스어, 따갈로어등으로 펴내어 전세계적으로 복음의 도구가 되게 하려 합니다. 그리고 현재 주님의사랑 세계선교 센터가 건립되어져서 현재 인도, 네팔, 케냐, 일본, 벨리제등 여러 나라에 성경책공급과, 개척교회 목회자들에 대한 지원, 그리고 현재 기존교회 목회자들을 지원하는 문제, 또한 새로운 선교사 파송, 그리고 이미 타국에 존재하는 목회자들의 리더쉽 트레이닝, 어린이들을 그리스도인으로 키우기 위한 방과후교실 운영등 다양한 방법으로 세계의 많은 영혼들이 구원받을 수 있도록 하고 있습니다. 이러한 선교를 지속적으로 하며 더 넓게 펼쳐 나가기 위하여 여러분들의 정성어린 물질적인 후원도 많이 필요합니다.

또한 천국과 지옥 간증 집회를 통하여서도 여러 나라의 많은 영혼들을 깨우며 또 그들이 회개하고 돌이킬 수 있도록 하고 있습니다. 이것에 대하여도 여러분들의 많은 기도와 후원이 필요합니다.

이 책을 통하여 은혜를 받으신만큼 하나님나라 확장을 위하여 성령께서 인도하시는 대로 여러분의 정성어린 후원을 부탁드립니다.
■ 후원하신 모든 금액은 하나님나라확장과 영혼구원사역에만 쓰여집니다.

후원계좌 :

Paypal Account:
        lordslovechristianchurch@yahoo.com

- -

은행구좌 (Bank account) :

1. Chase Bank
   예금주: Lord's Love Christian Church
   구좌번호 (account number): 860768576
   은행고유번호(routing number): 322271627
   SWIFT/BIC Code : CHASUS33
   Church zip code: 90011

2. 한국, 신한은행
   예금주 : 주님의 사랑교회
   계좌번호 : 140-012-615297

- -

미국연락처 :

E-mail: sarahseoh@ymail.com
Home page: http://pastorsarah.org

주님이 하셨습니다.
　　모든 영광을 **주님께**..

성경이 말하는 **성밖**
　– 이기지 못하는 자들이 가는 곳

초판인쇄	2022년 6월 7일
초판발행	2022년 6월 15일
2쇄	2023년 12월 1일

저　　자	서사라
펴 낸 이	최성열
펴 낸 곳	하늘빛출판사
연 락 처	010-2284-3007
출판등록	제251-2011-38호
주　　소	충북 진천군 진천읍 중앙동로 16
이 메 일	csr1173@hanmail.net
I S B N	979-11-87175-29-2
가　　격	10,000원